◆中华传统美德修养文库◆

U1006296

# 不平则鸣

徐潜　栾传大　主编



吉林文史出版社

**图书在版编目(CIP)数据**

不平则鸣 / 徐潜，栾传大主编. ——长春：吉林文史出版社，2008.4
(2021.11 重印)

(中华传统美德修养文库)

ISBN 978-7-80702-808-6

Ⅰ.①不… Ⅱ.①徐… ②栾… Ⅲ.品德教育—中国—通俗读物
Ⅳ.D648-49

中国版本图书馆 CIP 数据核字(2008)第 051283 号

---

丛 书 名 中华传统美德修养文库
BUPINGZEMING
书 名 不平则鸣

---

主 编 徐 潜 栾传大
选题总策划 徐 潜
项目负责 王尔立
责任编辑 张雅婷
责任校对 李洁华
装帧设计 韩璘工作室
出版发行 吉林文史出版社
地 址 福祉大路出版集团A座
网 址 www. jlws. com. cn
印 刷 三河市燕春印务有限公司
开 本 690mm×960mm 1/16
印 张 8
字 数 50 千字
印 次 2021 年 11 月第 10 次印刷
书 号 ISBN 978-7-80702-808-6
定 价 30.00 元

# 总 序

中国是礼仪之邦，是世界四大文明古国之一，有唯一历史发展不曾中断的记录。从公元前 841 年西周共和年代起迄今 3000 多年中所有的历史事件都有文字记载。在悠久的历史进程中积淀了丰富的文化遗产，形成了厚重的中华传统美德，至今仍滋润着她的子孙。在改革开放的新形势下，我们大力弘扬中华民族传统美德和优秀的人格修养，对于提高全民族的精神文化素质，提升国家的软实力，具有深邃的价值和深远的影响。

首先，它有利于协调人际关系。“和为贵”是中华美德的基本信条之一，建设社会主义和谐社会首先就要处理好人与人之间的关系，改善社会风气，使整个社会洋溢着和睦、和谐的氛围。这也是中华民族绵延几千年不断发展进步的重要思想基础。

第二，它有利于培养民族精神。“自尊，自立，自强”是中华民族的传统精神，民族精神是一个民族赖以生存和发展的精神支撑。中华民族之所以历经各种各样的磨难，仍然能够不屈不挠、昂首挺胸地走过来，就是因为以爱国主义为核心的团结统一、爱好和平、勤劳勇敢、自强不息的伟大民族精神在支撑、推动着我们民族的进步和发展。

第三，它有利于推动社会进步。“大同”社会是中华民族的传统理想，几千年来，中华民族传统美德促进了中国社会的文明与进步，使我国保留了令世人瞩目的灿烂文化。从原始社会、封建社会到近代社会，再到建立社会主义制度、推进社会主义现代化建设的今天，中国之所以能够不断发展进步，中华民族传统美德和优秀的人格修养发挥了重要的引领和推动作用。

中华民族的传统文化源远流长，是中华民族的灵魂，其精髓就是中华民族传统美德和人格修养。这是我们民族世世代代传承下来的瑰宝，几千年来不同时代先辈们身体力行，生生不息，中华民族传统美德深深植根在中华儿女的心里，融进血液中，也是现今中国人言行的准则，成为我们民族能够屹立于世界民族之林的重要根基。

今天，我们的祖国前进在改革开放与建设社会主义和谐社会的征程上，八面来风带来了全球各国的文化传统和社会价值观，信息传输手段的多元化以及国际交流日益频繁等，各种思潮和思想纷纷涌入国门，中华传统美德和人格修养也面临着能否与时俱进、继续在当代中国人的精神家园中占据主流地位的挑战。2006 年 3 月，党中央提出了“八荣八耻”的社会主义道德观和价值观，党的十七大又提出了“弘扬中华文化，建设中华民族共有精神家园”的方针，从历史与现实结合的高度充分肯定了中华传统美德和人格修养的历史价值，也表明了弘扬传统美德和人格修养的重要意义。

本书以讲历史故事的形式生动形象地按类讲述中华传统美德的经典事例，寓道理于故事之中，化物于无形，使青少年能在轻松愉快的阅读中潜移默化地接受美德的熏染，陶冶心灵，感受中华民族传统文化的博大精深，了解中华民族传统美德的根深叶茂，为是中华美德造就的现代中国人而自豪，更深刻地理解走有中国特色的社会主义道路的必然性。从而激发人们建设美好社会，建设美好家园，建设新生活的冲天豪情。

# 前　言

不平则鸣，出自唐代文学家韩愈《送孟东野序》一文。文中说："大凡物不得其平则鸣。"

"平"，是指平常、平静、平衡等；"不平"既可指事物受到压抑或推动，也可能事物处于发展变化。"鸣"可以解释为发出声音，指受到委屈和压迫就要发出不满和反抗的呼声。

不平则鸣，《现代汉语词典》中解释为"对不公平的事情表示愤慨。"《辞海》与《辞源》的解释也大同小异。但这些解释只能说是"不平则鸣"一词的后起意义。

在中国的历史发展中，流传着许多不平则鸣的故事，像"不平则鸣马素怀"、"张良谏言封雍齿"、"熊县令不惧高官”等等，都给人留下了深刻的印象。

不平则鸣是宇宙间的一个普遍现象，不论在自然界，还是在社会生活中，不管是人还是物，只要遇到“不平”就要“鸣”。鸣心中的不平，但绝不是发牢骚，而是出于对国家、民族的热爱。

不平则鸣，是一种民族精神，是中华民族传统美德的一种体现，它既是对中国古代“诗可以怨”传统的继承，同时又是在新的历史条件下的发展。

# 目 录

# 国之大患是社鼠

晏婴，我国春秋后期一位重要的政治家、思想家、外交家。他独到的见解和外交才能，使得他享誉诸侯。

晏婴是一个身材不高，其貌不扬的人，但他头脑机敏，能言善辩，是一个很有才华的人。齐灵公二十六年（前556）晏婴的父亲辞世，他继任了父亲的官职。后来，他分别辅佐齐灵公、齐庄公、齐景公三朝，辅佐三位长达四十年之久。从这里便可以看出，晏婴一定有过人之处，不然也不会成为三朝元老。

晏婴在百姓和诸侯之间享有很高的声誉。他主张以礼治国，善于辞令。齐景公当政时期，晏婴曾极力谏言，希望齐景公能够减轻赋税，减免刑罚，使百姓安居乐业，国家繁荣稳定。

汉代刘向《晏子春秋》叙录，曾把晏子和春秋初年的著名政治家管仲相提并论。可想而知，对他的才能和功绩是何等的评价了。孔子也曾给晏婴很高的评价：“救民百姓而不夸，行补三君而不有，晏子果君子也!”

有一次，齐景公问身为国相的晏子：“依你看，治理一个国家最怕的是什么?”

晏子不假思索地回答：“是社鼠，就是社鼠。”

齐景公不解地问：“社鼠?什么是社鼠?”

晏子耐心地对齐景公说：“社鼠就是生活在土地庙里的一种大老鼠。它常常在外边偷吃东西，回来就会钻到土地庙的墙壁里。如果你想把他弄出来，可需要动些脑筋，费些力气了。如果你想用水灌，墙壁怕被浇坏；如果你想用烟熏，木柱怕被烧坏，这就是社鼠，祸害人的社鼠。”

晏子见齐景公听得十分认真，就接着对齐景公说：“您身边有不少人，假借您的名义四处招摇，专干那些敲诈勒索、为自己谋取利益的事情。这些人依仗与您的关系，没有人敢出来说什么，事情往往都不了了之了。”

晏子清了清嗓子，他很知道察言观色，他的能言善辩不仅仅在于嘴上，更在于对一个人心理变化的揣摩。齐景公听到这里，表情立刻变得严肃起来，看着晏子，希望他继续说下去。

晏子接着说：“像这样的人，犯了法也不会得到应有的惩处，即使法办了，对于仁慈的您来说，肯定又会得到您的赦免。其实，这就是社鼠，这就是社会对国家的威胁。”

齐景公惊讶地说：“真的会像你说的如此严重吗？”

晏子嘴角露出一丝微笑，说道：“的确，就是这样。这就好比一家酒店，这里有很好的酒，幌子也挂得很高，可偏偏就是无人问津。店主自然会很奇怪，就四处了解情况，跟街坊请教，究竟问题出在什么地方。街坊告诉他说：‘您家的狗太凶了，当有人去打酒，它就会跑出来乱咬，谁还敢来买酒！’”

齐景公似乎听懂了晏子话里的意思，但不好打断，接着听晏子说。

晏子说：“现在有才能的贤士，很想向您表达自己对安邦治国理念的理解，但是当权的这些大人们，却像恶狗一样，对着他们乱叫，甚至是乱咬。这些当权的大人们，跟恶狗有什么区别？如果您周围都是社鼠，当权的人都是恶狗，这难道不是国家最大的祸害吗？”

晏子的谏言既能让齐景公欣然接受，又不针对任何一个人，他的机智与聪颖的确值得称道。晏子心中的不平为的是国家和人民，他用他特有的方式阐述了自己的主张。

说话有很多方式，也有很多技巧，就看你怎样运用，在特定的场合上是否得当。

# 刘邦和郦食其

郦食其，西汉高阳人。

郦食其虽然喜好读书但因为家境贫寒，没有生活来源，所以一直过着飘零的生活。为了糊口只得去做里监门吏，这是读书人认为最低贱的一种工作。郦食其因为才学出众，县里的有些脸面的人都不敢小看他，谁都不敢随便差遣他做事，人们都称他为狂生。

陈胜、项梁等人起义后，将领们经过高阳，郦食其听说这些将领多数人只注重小节小礼，并且只看到眼前的一点儿利益，在郦食其的眼中这些人只能称“将”而不能称“才”，他们很难听取别人的意见，所以郦食其决定隐居不再过问世事。

后来，郦食其听说沛公刘邦要攻打陈留，而沛公手下的一个人刚好是郦食其的同乡，所以这个人一回到家，郦食其便去见他说："我听说沛公这个人十分傲慢，瞧不起人，但他气度不凡又有雄才大略，我很是敬佩他，所以我愿意追随他。只可惜无人为我作介绍，你如果见了沛公，希望你跟他说：'我家乡有位郦先生，已经六十多岁了，身高八尺，人人都称他为狂生，但郦先生自己却并不这样认为'。"

那个同乡说："沛公不太喜欢读书人，有许多人戴着读书人的帽子去求见他，沛公常常是解下有的帽子，往里边撒尿。跟他们讲话也很粗鲁，时常破口大骂。如果你真想见他，千万别说自己是读书人。"

郦食其似乎根本没把同乡的话放在心上，回答说："你只管说便是了。"于是那个同乡如实地把郦食其的话说给了沛公听。

沛公在高阳住下后，就派人去召见郦食其。郦食其到沛公住处时，沛公正坐在床上，安排了两个女子替他洗脚，沛公便用这样的一种方式接见了郦食其。郦食其进来后，只是拱拱手，也不下拜，口气生硬地说："您想帮助秦国攻打诸侯，还是想率领诸侯共同破秦呢？"

沛公生气地骂道："你这贱儒，天下的人受秦国的苛政已经太久了，所以诸侯们才纷纷联合起来，共同攻打秦国，怎么反而说我要帮助秦国攻打诸侯呢？"

郦食其面对沛公的质疑停顿了片刻，理直气壮地说："您如果真想聚集百姓，联合义兵，去讨伐暴虐无道的秦国，就不该用这样傲慢无礼的方式来接见一位老者。"

沛公听了这番话，立刻停止洗脚，穿好衣服，请郦食其上座，并诚恳地向他道歉。郦食其这才向沛公论述六国合纵连横的时势和攻守的策略。沛公听了郦食其的话非常高兴，设宴款待郦食其，并向他请教攻秦的良策："那眼下应该怎么办呢？"

郦食其胸有成竹地说："您纠集一批乌合之众，散乱之兵，人数还不满万人，就想直接去攻打强大的秦国，您不认为这是以卵击石吗？陈留四通八达，是兵家必争之地，况且现在城里囤积着许多粮食，我跟陈留的县令关系不错，劝降的事情可以交给我，假如他不听从，您可派兵攻打，我可作内应。"

于是沛公就派郦食其前往，沛公率兵跟随在后，陈留很快被攻下了。

郦食其用自己特有的方式说服了沛公，也改变了沛公长期以来对读书人的看法，他为天下的有学识的读书人树立了榜样。

# 张良谏言封雍齿

汉六年正月，刘邦正在大封功臣，这一天刘邦和群臣们都期待了很久。

张良心里很清楚，自己从未有过厮杀的勇功，他只是很高兴能看到这样的场景，他觉得封赏的场面很壮观，也很鼓舞士气。

但刘邦却不是这样看待张良，他笑着对张良说：“拟订作战策略，哪一件没有你的参与；军帐中的谋划，哪一次没有你的身影；胜敌于千里之外，何时又不是你的功劳。你可以在齐国境内随便选择三万户的地方，作为奖赏给你的封地。你看怎么样？”

张良并没有急于回答，他看着眼前的刘邦谦恭地说："想当年臣从下邳起兵，能与陛下相会，臣觉得这是上天特意安排的，是希望臣能跟随陛下。陛下能采用臣的建议，运用中能得到效果，多半是大家齐心协力的结果，臣可不敢接受三万户的封地，臣受之有愧。"

听了张良的这番话，刘邦点了点头，但又觉得随了张良的意又恐不妥，叹了口气，决定先按张良的意思办，以后再说。

于是，刘邦就封张良为留侯，与萧何这些有功之臣一起受封。刘邦一口气封了二十多个有大功劳的将领、谋士，心里舒服极了，但有些人却不高兴了，原因很简单，还有很多人没有得到封赏。如果这件事不能很好地解决，朝廷上下肯定会有不满的声音，刘邦的耳朵也就永无宁日了。

刘邦也没有特别好的办法，只有将封赏的事情放下来，暂时安静一下，但平静似乎只停留于表面，真正的争执还在继续。

刘邦在宫中悠闲地走着，自从封赏的事情暂时停下来以后，他的耳朵也清净了许多，脑袋也不那样晕晕乎乎的

了，一切似乎又回到了以前，他很惬意。但是他最近总能发现一些将领时常三五成群，坐在一起谈论一些问题。起初，刘邦觉得这些人是在商议朝廷大事，心里很高兴，因为这些人真的很用心地在为自己工作，但每每见到刘邦出现，这些人就什么都不说了，刘邦问起他们在说什么，他们不是说没什么，就是支支吾吾地用言语来搪塞，使刘邦很疑惑。

带着这样的疑问，刘邦悄悄地问张良："爱卿，他们究竟在说些什么？为什么朕一出现他们就不说了？"

张良严肃地说："难道陛下还不知道吗？他们是要密谋造反，从他们的表情上就可以看得出来啊！"

刘邦听了张良的话，心里很不舒服，心想："天下刚刚安定，这就又要起兵造反，难道朕做错了什么事情？"

张良察觉出刘邦的心意，对刘邦说："陛下以一个普通平民的身份，依靠了这些将领夺得了天下，现在陛下贵为天子，您所封赏的，都是像萧何、曹参这样的老乡亲，这些人在旁人看来，都是您所亲近喜爱的人；而您所诛杀的，都是您平常所怨恨的仇人。现在军中的官员正在悄悄地算自己的战功，但是天下的土地很有限，他们害怕得不到陛下的封赏，得不到土地，又害怕陛下追查他们过去犯下的错误，而像一些人一样被诛杀，所以他们就聚集在一起，商议造反的事！出现这样的事情，简直太正常了！”

刘邦看着张良，心存忧虑地说：“那依爱卿朕该如何是好呢?”

张良冷静而果断地回答说：“陛下平生憎恶的人中，而又为群臣所知道的，最厉害的是谁啊?”

刘邦想想，对张良说：“雍齿和我有些旧怨，好几次让我受窘甚至侮辱我，我想杀他，但因为功劳大，一直不忍心杀他。毕竟他是有功之臣，朕的确不忍心。”

张良笑着对刘邦说：“臣认为，您现在赶快封赏雍齿，群臣看见他都能得到封赏，那些想造反的人，也就会自然会打消这个念头了。”

于是刘邦便设宴群臣，封雍齿的官，并且催促丞相、御史赶快定功分封。酒宴后，群臣都高兴地说："雍齿尚且能分侯，我们这些人就没有什么可担心的了！"

张良是以特有的一种方式，表达了自己对刘邦封赏的一种看法，他既为刘邦解决了眼前的困境，又为有功之臣鸣了不平，的确是做了一件一举两得的好事。

# 借刀除恶的刘秀

更始帝刘玄封刘秀为萧王的那一年，正是更始二年，刘玄给刘秀下了一道旨，命令他停止征战，领兵还朝。

刘秀深知刘玄的用意，希望能借封王之名收回自己掌握多年的兵权，刘秀表面上接受了封号，却以河北尚未平定为由，暂时不能交出兵权。自此以后，刘秀开始与更始帝划清界限，各自为战。青犊军与赤眉军双双进入函谷关进攻更始帝时，刘秀趁乱派遣邓禹率六将领兵西进，坐收渔利。当时，受更始帝派遣司马朱鲔、舞阴王李轶等人领兵三十万，协助河南太守共守洛阳，此时的刘秀任命寇恂、冯异分别为河内太守和孟津将军，让二人联手共同对

抗朱鲔、李轶率领的三十万大军。

为了瓦解更始帝派来的军队，冯异选准了舞阴王李轶为策反的一号人物，他派人送信给李轶，信中说："孔子曾云：'明镜所以察形，古事所以知今。'从前，微子离殷而人周，项伯叛楚而归汉，周勃迎入汉文帝而罢黜少帝弘，霍光拥立汉宣帝而废掉昌邑王刘贺。这些人都畏天知命，明察存亡的征兆，看出兴废的关键，因此能成功于一时，名垂于万世。”

李轶觉得信中所书还算是有几分道理，耐着性子读了下去：“即使在众人的扶助下，更始帝尚且可以苟延残喘的活着，您与他非亲非故，为什么还要给自己惹火上身呢？如今长安的朝廷上下一片混乱，赤眉军又兵临城下，大臣离心离德，朝纲法纪全然没了作用，又有些人纷纷称帝。现在萧王麾下，云集了众多英雄豪杰，百姓对萧王更是十分拥戴，这种盛况很难用言语来表述。如果您如能察知成败，早早定下大计，功劳可比拟古人，方可转祸为福，那么现在最好的时机。如错过这一时机，猛将长驱而至，重兵包围城池，那您到时想就后悔都来不及了。”

当初，李轶与刘秀一起密谋起兵，李轶的堂兄李通为了劝刘秀起兵，曾特意想出了一句话：“刘氏复起，李氏为辅。”所以为了保守这个不为人知的秘密，李、刘两家关系就像绑在一根绳子上的两只蚂蚱，一荣俱荣。

更始称帝以后，李轶却不放过任何一个机会，为的就是能够巴结上刘玄，为了达到自己的目的，他诬陷刘秀的哥哥刘伯升，导致刘伯升含冤而死。时至今日，李轶手中拿着冯异的这封劝降信，内心十分矛盾，他很清楚长安已危在旦夕，如果真的投靠了刘秀不知他会如何对待自己，毕竟是自己害死了他的亲哥哥。

李轶想了很久，终于想出了一个保身的妙计，既不投靠刘秀，又可以保持相对的中立，暗地里还能帮助冯异。于是，他给冯异回了一封信，信中说道："本来兴复汉室的计划，是我与萧王共同商议的结果，当时我们立下了盟约，发誓不求同生但求共死。然而，您镇守孟津，我镇守洛阳，彼此都占据要地，愿你我千载一逢，结下断金之谊。请您向萧王转达我的意愿，希望我能有机会辅佐萧王，为国家安定出谋划策，为百姓谋福出力。"

李轶自从与冯异有了书信往来之后，不再像以前一样与冯异兵戎相见。这样一来，冯异才有机会北攻天井关，从而攻陷上党两座城池，又占领了河南成皋以东十三县。更始军屯聚在这一带的据点也都被平定，一时间归降冯异的兵士多达十万。

一天，洛阳太守武勃突然率万余兵众进攻降卒，冯异率军渡过黄河与武勃展开激战，结果大破武勃的军队，不但斩杀五千余人，还杀死了洛阳太守武勃。李轶明知道两军交战，依旧睁一只眼闭一只眼，站在一旁观望。

冯异见自己写给李铁的信奏效，便特别向刘秀作了汇报，并将李铁的复函呈给了刘秀。刘秀心里很清楚李铁的为人，平时就是一个善于见风使舵，根本不知道什么是操守的人。他为了自己，连亲娘都可以出卖，他还有什么事情干不出来呢。他对李铁的举动一点儿也领情，反而故意公开透露了李铁信函的内容，让朱鲔知道，好借刀人报杀兄之仇。

果然，朱鲔得知李铁暗中通敌的事情以后，心中大怒，悄悄地派人刺杀了李铁。

# 魏文帝借画杀人

于禁，字文则，泰山钜平人。曹操手下的将军王朗十分赏识他，觉得他是个难得的人才，便决定把他举荐给曹操。在王朗的举荐下，他被曹操任命为军司马，后来又被提升为严虏校尉。

曹操征讨张绣时，因为出师不利，实在没有办法，只好先逃回舞阴。主帅带兵而逃，士气低落，曹军顿时乱成一团，各自逃窜。在这时只有于禁指挥的部队且战且退，虽然因寡不敌众略有死伤，但队形整齐从始至终保持得很好。还没有到舞阴的时候，于禁在路上遇到一批青州兵抢劫，便带着训斥的口气对这些人说："青州兵也是曹公的队伍，可你们看看，你们究竟干了些什么？这样以来你们和强盗有什么区别？”听了于禁的话，这些青州兵跑到曹操那去告于禁的状。于禁率领部下撤到舞阴时，先去安营扎寨，而没有急忙去见曹操。

见于禁如此行事，有的人提醒：“青州兵早已抢先在曹公面前告你的状了，你应该先去见曹公，而不是在这里安营扎寨。”

于禁显然早有准备，对众将士说道：“现在追兵就在后面，什么时候赶上来谁都说不准。如果不在此安营设防，让我们怎么迎敌？曹公头脑清晰，岂能容他们这些人诬告于我！”于禁说完，命令手下将士安营扎寨，深挖战壕。等待挖好战壕设下营寨之后，于禁才不慌不忙地去拜见曹操，向他道明原委。

曹操见了于禁非常高兴，夸奖他说：“将军临危不乱，及时制止了青州兵的暴行，安营扎寨，深挖战壕，军容整齐，就是古时的名将也比不上将军你呀！”因为他立下了赫赫战功，曹操特意表奏，封他为益寿亭侯。

在后来征讨袁绍的一系列战斗中，于禁因战功卓著被拜为裨将军、偏将军，后来又升任虎威将军。当时，于禁与张辽、乐进、张郃、徐晃并为名将，曹操每次出兵都轮番任用他们为先锋。于禁治军严整，声望很高，此后又被升为左将军。

曹操派曹仁去讨伐蜀将关羽时，恐怕曹仁一人不能完成任务，又特意派于禁协助曹仁一同作战。当时正值秋季，又恰逢大雨，几天的大雨使得汉水横溢，导致洪水泛滥军队停止不前。于禁、庞德等人没有办法，被洪水围困在一块高地上，进不能进，退又不能退，愁坏了众将士。

此时，关羽乘坐大船来到，于禁、庞德等人如瓮中之鳖，生擒于高地。不想，于禁是个贪生怕死的人，很快投降了关羽；而庞德宁死不屈，被杀身亡。消息传到长安，曹操深为遗憾，哀唉声叹了很久后说道："我和于禁相处了三十年，没想到他在危急关头竟然连庞德都不如！"不久，关羽又被孙权擒获，于禁也就一起被带到东吴。

黄初元年（220），曹丕称帝，他便是历史上的魏文帝。第二年，孙权向魏俯首称臣，把于禁送还给魏国。魏文帝接见于禁时，见他已须发雪白，面容憔悴。看着这位先帝的老臣哭泣着拜伏在自己的面前，魏文帝动了恻隐之心，心软了下来，再加上魏文帝刚刚即位，原谅了他还显得宽容大度，还能得到个圣主英名。

后来，魏文帝下诏："从前荀林父于邲败北，孟明视在崤丧师，而晋成公、秦穆公不废其职，让他们官复原位。其后晋获狄土，秦霸西戎。区区小国，尚且如此，何况我魏这个万乘大国？樊城之战的失败，是因为水患所致，不是战术的原因。因此，令于禁官复原职。"

事后，魏文帝心里总觉得不舒服。其实原因也很简单，他不愿意看到一位叛臣时时出现在自己的面前，更不希望于禁成为有些人的榜样。但是，赦免于禁的诏命都下去了，总不能说收就收啊，出尔反尔的事情他不能做。于是，他想了一个办法，他决定封于禁为安远将军，再把他派到东吴去。

临行前，魏文帝让于禁去曹操的墓上祭拜。他事先又派人在高陵画了一幅壁画，内容是描述关羽战胜、庞德愤怒、于禁降服的场景。于禁前去祭拜时，看到这幅壁画，顿时羞愧难当，病发而死。

魏文帝就以这样的一种方式，除掉了叛臣于禁。似乎有人会说魏文帝不能容人，但魏文帝是为了警示手下的将士，以于禁为戒，为死去的庞德鸣不平。

# 赵小儿智辩狂僧

“小小年纪，如此机辩，老僧佩服，佩服！”

人头攒动的讲经坛前，一位年过花甲的大和尚，双手合十，对着转身离去的少年躬身施礼，赞不绝口。

这是发生在隋朝的事情，小孩姓赵，老僧法名三藏，修业较深，心高气傲。当天是4月8日（农历），是传统的庙会日，和尚为了广传经文，普度众生，特地设坛拜佛，讲经说道，吸引了很多听经、问道的善男信女。

人们虔诚地倾听着，不时提出一些不明白的问题，请三藏和尚解答。

这位三藏和尚，不仅对佛学颇有造诣，而且口才很好。不论大家提出什么问题，他都对答如流，而且每答都讲得明明白白。对较难的问题，更是循循善诱，入理剖析，说得众人心悦诚服，不时报以热烈的掌声和赞叹声。三藏法师不觉有些得意忘形，目空一切了。

“我也有几个问题请教，希望大师不吝赐教！”

一个十几岁的男孩儿从人群中走出来提问。

“小娃娃，你有什么问题尽管提出来，不要影响我的正事。”

三藏一看，一个小孩子，能有什么问题，这么多大人的问题都不在话下，你也不过问些鸡毛蒜皮的小事罢了。

人群中响起一片讥消声，人们觉得这孩子也太淘气了，竟敢在德高望重的三藏法师面前无理取闹。

少年并没因和尚的轻视而退缩，也没因人们的小瞧而为难，大大方方地走到和尚面前，不紧不慢地说：

“我姓赵。我记得读过的经书上，有关于野狐和尚的记载，我想请问一下，把‘狐’叫做‘阿阇黎’的说法，出自哪一部经典？”

“什么……”

三藏法师没料到，这个平淡无奇的小孩会提出这么个稀奇古怪的问题，一时间张口结舌。

略一沉思，愠怒地挖苦说：“你这个小孩子，声音虽高，可个子却很小，怎么不拿‘声’补‘身’呢？”

“那么大法师，您的眼窝那么深，而鼻子却那么高，您怎么不把鼻子割下来，补上您的眼窝呢！”

面对和尚的嘲讽，少年不甘示弱，针锋相对。

人群又响起了掌声，不是为和尚，而是为这个初生牛犊不怕虎的少年。

聪明的提问，机智的反击，令人们刮目相看。随着喝彩声，人们纷纷站了起来，都想看看这个可爱的孩子。

时值酷夏，天气燥热，三藏和尚一手持如意，一手拿折扇。一见众人拥向少年，急忙以扇遮面，边擦汗，边思考着办法，以挽回面子。

忽然，姓赵的少年又大声喊道：

“看哪，形如满月的扇子，罩住的不是美丽的玉兔，而是一只雄狐狸呀！”

人们被逗得哄堂大笑。

三藏和尚面红耳赤，用如意指着少年羞恼地说：

“小孩子怎么如此无礼，快回家去吧！”

不料，话音未落，匆忙之间他的如意碰在讲坛边上，“哨”的一声，如意的头掉在地上。

少年见此，又说：“如意是你们出家人表达心意的东西，现在折断了，说明你已被问住，学业不精，还要努力。”

少年说完，躬身施礼后离去。和尚羞愧难当，自叹不如，不由得向远去的少年施礼致意。

自古英雄出少年，赵姓少年博学多才，聪明伶俐，一鸣惊人，严厉地教训了高傲自大的三藏和尚。

# 居安思危，戒奢以俭

唐太宗李世民随父亲李渊转战南北时，艰苦创业，为人谦逊，得到了很多人的拥护。自从他登基当了皇帝，开始过分地追求享乐，逐渐地也听不进去别人的忠告，内心滋生出很多不良的东西。

魏征，就是一个专门给唐太宗提醒的人。

唐太宗过分地贪图享乐，魏征十分担忧，他开始想办法，希望能够解决出现在唐太宗身上的问题，因为他清醒地意识到，一国之君的作为直接影响到国家的发展。

没过多长时间，魏征就写了一篇题为《谏太宗十思疏》的奏文，文中提醒唐太宗“居安思危，戒奢以俭”。

就是先给他提个醒，别在那做梦了，江山要是这样坐，早晚也要成为别人的。言外之意，你还不清楚现在的大好河山是怎样得来的吗？不是你李渊父子打拼下来的吗？

仅凭借这两句话是不够的，根本不能打动此时的唐太宗，魏征就给唐太宗举了个例子。

魏征的奏文中，意思大概是这样的：树木要是想生长得好，就一定要保护好它的根，这一点非常的重要；河水要是想流得长远，就一定要深挖它的源头；要想使国家安定，就一定要多积德，施行仁政。

魏征还提到：一个国家的君主肩负着帝王的重任，如果不能居安思危的话，就像砍断树根却还想让树木茂盛一样，堵塞了河流的泉源还希望流水长远一样，是逆天而行，不会有好结果的。

魏征的话说得入情入理，很容易让人有读下去的欲望，而且是越往下读下去，越觉得有道理。这就好像是猎人，一个好的猎人，会让猎物产生错觉，大大方方地进入自己的圈套之中。魏征似乎就是给唐太宗设了这样一个局，为的就是让唐太宗能够从这些话语中领悟到自己的用意，这样自己的奏章也就算没有白写。

魏征的文中还这样说道：自古以来，历朝的君主在创业初期做得都很好，正是因为这样，他们才会能得到民心，从而稳固得来不易的江山。但是事情往往是这样，做一时可以，想长久的做下去、坚持到底就很难了。在忧患中创业的人，最能够体会创业的艰辛之苦，也最懂得珍惜，因为他们知道得来不易。

读到此处，唐太宗不由得想起了当年和父亲一起在战场上奋勇杀敌的场景，那一幕幕，仿佛就在眼前。并非是魏征的文字有多煽情，而是这样的话语，是久违的，也是很有感触的。

唐太宗眼里闪着泪花，他想起了当年那些一起拼杀的好兄弟，是他们用生命和鲜血换来这一大片国土，自己才能子承父业，享受富贵荣华。

他忍不住接着看下去，他想知道魏征还会说些什么，因为这样的话的确是太难得了。

唐太宗拿起魏征的奏文，接着读了起来。

奏文这样写到：人一旦得志，就会尽情地放纵情欲，谁都不会轻易放在眼里。如果谁都不放在眼里的话，就算是再亲的亲人，也会变得形同陌路。

在这篇奏章中，魏征提到了“水能载舟，亦能覆舟”的话，他把百姓比做水，把君主比做水上之舟，这种比喻主要在强调人民的重要。

魏征又具体指出了作为国君，唐太宗应该如何做，他提出了这样论断：当遇到自己喜爱的东西时，就想到知足者才会长乐，时刻警醒自己；为了人民的安定，也要避免大兴土木；要加强自我修养，不断地充实自己；要有广阔的胸怀，能容纳一切；要虚心接受臣子的意见，不要偏听偏信；有所赏赐时，就想到不要因为自己高兴而赏赐不当；施行刑罚时，就想到不要因为自己恼怒而滥用刑罚。

提到任用人才，魏征又说：选拔有才能的人而任用他，择取好的意见而采用它。

那么，聪明的人就能竭尽他的智谋，勇敢的人就会竭尽他的气力，仁义的人就会传播他的美德，诚实的人就会贡献他的忠心。文武并重，就可以垂衣拱手，无为而治了。

唐太宗看到这篇奏章后有所感悟，亲自写了诏书答复魏征，承认自己的过失，并对魏征这种敢于直谏的精神表示赞赏，还把这个奏章放在案头上，经常对照反省。

# 褚遂良叩血阻废后

唐高宗李治还是太子的时候，就非常喜欢唐太宗的才人武则天。唐太宗驾崩以后，武则天被迫到感业寺出家为尼。

有一次，临到父亲的忌日，唐高宗前往感业寺上香，恰好遇到了出家在此的武则天，二人重逢都流下了激动的泪水。当时，后宫呈现出这样的局面，皇后王氏与淑妃萧氏正在为争宠之事打得不可开交，王皇后是因为没有生儿子而渐处劣势，自己也觉得日子一天不如一天。自从她得知唐高宗对武则天旧情难忘，便偷偷告诉武则天留起头发。

没过多久，王皇后便开始劝唐高宗把武则天接入后宫，她的目的就是为了讨好唐高宗。当然，王皇后也是想以武则天隔断唐高宗与萧淑妃之间逐渐亲密的关系，使自己的地位得以巩固。但是，令王皇后没有想到的是，她领进的不是一只羊，而是一只狼。武则天更工于心计，很快武则天便集唐高宗的宠爱于一身，王皇后、萧淑妃等都坐上了冷板凳。王皇后的如意算盘打得倒是很响，但却没算明白。

很快，武则天被拜为昭仪，她逐渐的膨胀，野心也越来越大，她开始盯上了皇后的宝座。为了达到自己的目的，她首先要扫清自己前进道路的障碍，她第一个要收拾的便是王皇后。

武则天刚刚生了一个女儿，一直没有小孩的王皇后看了十分喜爱，便常常来看这个孩子。有一天，王皇后刚刚从武则天这里走，武则天便狠心的掐死了女儿，又用被子将女儿盖好。等到唐高宗来了，武则天故作欢喜的样子，掀开被子去抱女儿。一看女儿已死，她立即号啕大哭起来。她又赶忙询问仆人谁曾来过，都回答说皇后刚走。唐高宗大怒："一定是皇后，是她杀了我的女儿。"

长期以来，唐高宗虽然冷落王皇后，却并没有想废掉她，但经过这件事情以后，他有了废掉这个狠毒女人的想法！

唐高宗虽然想废王皇后，但却怕大臣们出来反对，于是便想起了长孙无忌。一天，唐高宗与武则天一起驾临太尉长孙无忌府第。长孙无忌既是朝中具有影响力的重臣，又是唐高宗的舅父，只要他附和废后之议，事情就会变得顺利得多。长孙无忌盛宴款待天子与武则天，君臣频频举杯，场面气氛十分融洽。席间，唐高宗又封长孙无忌宠姬所生的三个儿子为朝散大夫，还特意命人送来十车珍宝、金钱、锦缎。唐高宗觉得时机成熟以后，才婉转地说及王皇后无子之事。其实言下之意，就是暗示有废后的意思，只不过这事只可意会，不能言传而已。然而，长孙无忌居然顾左右而言他，唐高宗和武则天只好悻悻而归。

转眼间又是一年，李义府知道唐高宗有废掉王皇后的意思，便上奏唐高宗废掉王皇后，立武则天。唐高宗看了奏折以后心中满是欢喜，特地召见他并赏珠一斗，武则天也秘密派人犒赏他。不久，他被提拔为中书侍郎，与卫尉卿许敬宗、御史大夫崔义玄、中丞袁公瑜一起，成了武则天的心腹。

这一年九月，唐高宗退朝后，召长孙无忌、李勣、于志宁、褚遂良入内殿。李勣知道是为了废王皇后的事情，就谎称自己有病在身，没有前去。其他几个进去后，唐高宗说道："皇后无子，武昭仪有子。我想立武昭仪为皇后，你们觉得怎么样？"

褚遂良听了唐高宗的话，反对道："王皇后出身名家，又是先帝为陛下所娶。先帝临崩，曾拉着陛下的手，对臣等说：'今天我就把佳儿佳妇托付给诸位了。'这是陛下所听到的。如今，先帝之言犹在耳际，王皇后又未犯过错，岂可轻易废掉！臣不敢屈从陛下，上违先帝的遗命。"唐高宗很不高兴地让他们各自回府。

第二天，唐高宗又召见这几位大臣议起废立之事，褚遂良还是不赞成立武则天为后，他说道："陛下一定要废王皇后，就恳请陛下选择天下名门望族的女儿为后。武昭仪曾经侍奉过先帝，此事众所周知，无法掩盖。万代之后，对此事人们会有怎样的议论？请陛下三思！臣现在冒犯了龙威，该当死罪。”

于是，褚遂良解下冠巾，叩头流血道：“请陛下放臣回归乡里。”唐高宗见状十分恼火，叫人把褚遂良拖了下去。武则天在帘幕之后咬牙切齿地高声叫道：“何不扑杀此獠！”幸亏长孙无忌求情，褚遂良才免于一死。

过了几天，李勣入见唐高宗，唐高宗问道：“我想立武昭仪为后，褚遂良坚决反对。他是顾命大臣，难道立后之事就此作罢吗？”

李勣回答得十分巧妙：“此乃陛下的家事，何必要问外人。”唐高祖心领神会，这不正是他想了很长时间，但却没有顺从的话吗？他立即决定立武则天为皇后。随后，许敬宗把唐高宗的决定散布于朝，并且劝大臣少管闲事道：“乡下佬种地多收了些麦子，还想换个媳妇，更何况天子想更立皇后了。这事与诸位毫不相干，诸位不要妄加异议！”就这样，武则天终于当了皇后。

# 令史指驴骂人

公元690年9月，武则天改国号为“周”，定这一年为天授元年。刚刚登上皇帝宝座的武则天，唯恐众人不服，便有意地用封官、许愿的办法拉拢群臣，向其示好以稳定朝野，还在官员的正式编制之外设供奉官（在皇帝左右供职的官，如侍御史内供奉、翰林供奉）、里行使（一种正式编制之外的散官），一时间拾遗、初阙、御史等官员多得难以计算，就是车载斗量也很难数得清。当时有人就编了一首歌谣，讽刺这种官多如麻的情形：

补阙连车载，
拾遗平斗量。
杷推侍御史，
碗脱校书郎。

这首诗翻译过来就是：

补阙（谏官）多得用车载，
拾遗满地使斗量。
木杷推着侍御史（御史编外之官）。
碗落砸了校书郎。

一天，有位御史台的令史骑着驴上班。细想想，要是身份显赫的官员，给匹好马都不一定肯骑，人家有人抬，更不用说骑驴了。那御史台的令史究竟是多大的官呢？其实说白了，也就是在御史台专门负责文书的官员，说得再清楚点儿，就是写写公文，弄弄讲话稿之类的文职官员。说这位令史刚到官署，就看见好几名御史里行聚在门内有说有笑，这位令史灵机一动一偏身子，在驴背上狠狠地抽了一鞭子，这驴疼痛难忍，便狠命向众御史里行冲去。众御史里行见状大怒，要责打这位令史。想不到这位令史却说：

“今天的过失，全是这头驴子不好才犯下的。请求各位大人让我先责骂驴子一顿，然后我再领受处罚。各位大人，觉得如何?”

众御史里行说可以，于是令史便责骂驴子说：“畜生。你的技艺大家都清楚不过。你的精神也非常迟钝。你算是什么东西，敢在‘御史里行’!”

众御史里行自然都听出了这话里话外的意思，令史明是骂驴，实则是骂人，但又没有理由发作，便只好忍辱负羞将此事不了了之。

聪明的令史既鸣了心中的不平，又让众御史里行的官员无可奈何。尽管如此，令史也只能是解了心中一时的怨气，痛快痛快嘴罢了。

心中的不平何时都会有，但为谁而鸣便是一个值得深思的问题了，令史虽然一个字都没提到百姓，但不等于他心中没有百姓。不平由心中而生，为国家安危、百姓疾苦而鸣。一个小小的文职官员，骑着驴上班的人，当然要比平头百姓强得多，可在众御史里行的眼里，根本就是不值得一提的人，这些人的心目中，只有一个“官”字。

驴有些冤枉，真的有些冤枉，它要真听得懂令史的话，或许，就会是另外一番情景了。

# 赌来的集翠裘

武则天时期，南海郡给武则天进贡一件用百鸟羽毛编织成的羽毛衣，这就是集翠裘。

这件集翠裘极其珍贵、美丽无比，颜色艳丽，穿在身上十分的华贵、气派，最重要的是它还可以抵御奇冷的风寒。

武则天在接受贡品时，宠臣张昌宗正在一旁侍立，武则天一高兴便把这件羽毛衣赏给了张昌宗，还让他披在身上伴她一起玩双陆（双陆是一种古博戏名，相传为曹子建所创，下法早已经失传了）。

正在这时，宰相狄仁杰入朝奏事。武则天看狄仁杰来

了，就让狄仁杰和张昌宗一起玩双陆，自己在一旁观阵。

武则天问：“两位爱卿赌点什么东西好吗？这样玩才有意思。”

狄仁杰说：“先赢三个筹码就算胜，以张昌宗披的那件集翠裘为赌注，不知意下如何？”

武则天说：“那可是张昌宗的赌注，不是你的赌注啊，你拿什么东西来赌呢？这样看起来才会公平！”

狄仁杰指着自己身上穿的紫色绸袍说：“我就用这个做赌注。”

武则天笑了：“爱卿不知这件集翠裘价值千金。你赌的那件紫袍和这件集翠裘是不对等的。不行，不行！”

武则天言语中带着一丝的轻蔑，在她的心目当中，似乎狄仁杰眼下拿不出什么东西来和这件集翠裘相比。

狄仁杰听了，忙站起身来，说：“臣愚钝，臣这件紫袍是大臣朝见皇帝时讨论政事穿的朝服，昌宗穿的那件不过是一个受宠之人得到的一种恩幸之物。用他那件集翠裘对臣的这件紫袍，似乎有些欠妥，臣与他这样赌，昌宗还占了便宜呢！”这话说得武则天虽哈哈大笑，却心中不悦，毕竟张昌宗是她的宠臣，集翠裘还是她赐给张昌宗的，能高兴得起来就怪了。

双方开始比赛。张昌宗因为受了狄仁杰的奚落，心绪不佳，一连下了几盘全都输给了狄仁杰。狄仁杰一看张昌宗输定了，就当着武则天的面，从张昌宗身上脱下了那件集翠裘，披在自己的身上谢恩出宫。当他走到光范门（长安皇城的一个门）就把这件集翠裘赏给了一个随行的仆人，自己催马回府去了。

狄仁杰对张昌宗的态度，仅仅是对武则天的一种警醒，在狄仁杰的心目中，那件集翠裘只是一件玩物罢了，不可与他身上穿的朝服相提并论，从而可以看出，狄仁杰对武则天过于宠信臣子的做法，感到十分的厌恶。

狄仁杰对张昌宗的态度，其实也是对类似张昌宗之流的官员的一种态度，狄仁杰对武则天的忠，从某种意义上讲是对国家的忠，对人民的忠，而心中的不平，也是为人民而鸣。

# 炊饼侍御史

武则天时期，有一个卖炊饼出身的侍御史，他的名字叫侯思止。这个侯思止是怎样由一个卖饼的一跃而当上朝廷的五品大官的呢？

侯思止一天在醴泉的街头上卖饼。他的一双眼睛贼溜溜地乱转，恨不得能从地上拾它几个金元宝。正在这时来个红脸大汉，把他所有的饼全包了。侯思止一看货出手这样快自然是十分高兴。他在付货时顺便问了句："你家来客人了，买这么多饼，可怎么能吃得了？"

那个红脸大汉支支吾吾地说："没有，没有。"说完，红脸大汉拎起装饼的筐便急匆匆地走了。侯思止这时心里一动。他觉得事情有些蹊跷，不然红脸大汉为什么会吞吞吐吐，慌里慌张？他便跟着这个人，看他到哪里落脚，然后把地址记下，即刻到官府告了一状。也是侯思止命中注定，他这一状告个正中。官府派人去一查，果然那里一屋子人正在议论朝政，想要谋反；差人一听即刻便把这屋子里的人全抓了。侯思止因此立了一大功。武则天一听有此等好人，便决定赏他一个大官做。

武则天下令召见侯思止。武则天见了侯思止，问他想做什么官。侯思止说："我想做侍，侍……"

他"侍"不上来了，也许是由于精神紧张而有些口吃，也许是他吓得把那个官名给忘了。

武则天说："你莫不是想做侍御史吧？"

侯思止赶忙说："对，对。我想做侍御史，侍候皇上一辈子。"

武则天说："你大字不识一个，怎么能做得了侍御史？"

侯思止赶忙说："豸（传说中的神羊。能别是非曲直。二人争斗，它以角触谁，谁即是理亏者，无一不确）

这种独角兽也不识一字，却能为皇上辨坏人。”

武则天一听觉得这话在理，于是就封他个侍御史。这就是炊饼侍御史的来历。

侍御史是执法、监察的大官。一步登天的侯思止有些飘飘然了，从此，也不知道天有多高地有多厚了。肆意耀武扬威、胡作非为起来。他审案时根本不看案状，更不问是非曲直，先来一顿乱棒飞舞，夹棍逞威，这样被他打死的人也是不计其数。一时间，京城里的人一提到侯思止都是咬牙切齿，恨不得也让他来尝尝棒打棍夹的滋味。

对恶人只须以眼还眼，以牙还牙，用他们整他人的办法来整他自己。也是事有凑巧，有一次侯思止把别人献给皇上的锦缎据为己有，这事被人告发，武则天知道后大为震怒。再加上平时武则天也听说一些侯思止为官不仁，飞扬跋扈，草菅人命的事情，于是就趁这个机会便把侯思止抓来杀了。这件事在当时长安也是一件大事，听到的人无不眉飞色舞，拍手称快，仿佛是解了自己的心头大恨一般。

武则天希望任用贤能治理国家，从某种意义上讲，她选择侯思止是一个天大的错误，直到事情发展到如此严重的程度，才将其绳之以法，似乎有些晚了。

不平的事情很多，但真正能有人出来鸣不平，可是少之又少。鸣不平，不仅仅需要的是胆量和勇气，更要有一颗爱国、爱民的心。

# 家狗咬主

一天，武则天的密告箱中收到一张状子，是告当朝重臣崔宣的。状子说，崔宣意欲谋反，他的小妾秋玉知道他要谋反，想要告他，他就把小妾秋玉杀了，把尸体扔在洛水里。武则天收到密告信，就把这封信转给张行岌来处置。

张行岌接了状子，深感责任重大。他回去把状子仔细地研读、揣摩了两夜，也没有弄出个头绪。他又审问崔宣，崔宣不承认自己曾意欲谋反。问他秋玉哪里去了，崔宣只是说："前两天突然没有了。"张行岌想，自己不能仅凭一张状子来断案，便把自己的意见和武则天说了。

武则天听了很生气，说：“崔宣谋反，罪状分明，应当严惩。可你却为他开脱，我想让来俊臣来审理此案，等案子落下来的时候，你可别后悔。”张行岌一听，眉头一皱，计上心来，赶忙说：“我审理案子确实不如来俊臣。可是既然皇上信任我，把案子交我办，我就得重事实，而不应只知道顺应皇上旨意。如果皇上是叫我顺承君意而不重实际，我想皇上一定是在试探我是否称职吧！”

武则天一听，脸上骤然变色，马上说：“如果小妾确实被崔宣杀了，这谋反罪是不言自明的。你只是因为找不到小妾就判他无罪吗？”

张行岌听了，下朝后赶忙通知崔家，速速找到小妾秋玉。否则抄斩之罪难免。

崔宣的堂兄崔思兢听了，便用重金悬赏能找到秋玉的人。可是过了好几天，一点儿音讯也没有。令崔思兢不解的是，崔府无论发生什么事儿，告状的人家总是知道得十分清楚，这说明崔府里藏有内奸。崔思兢想了一条妙计，便当着众人的面说要雇人暗杀告状的人，杀人的地点就在御史台。还说只要二百匹细绢就够，还要崔宣的妻子去筹办这二百匹细绢。之后，自己便在暗中观察。崔府有个姓舒的家丁，是崔宣的贴身仆人，深得崔宣的信任。一天，崔思兢突然发现有一个人奔向告状人家的大门，好久不出来。崔思兢一眼便看清此人便是姓舒的那个仆人。又过了半天，告状的人家就四处宣扬说，崔家要暗杀他，他告到官府，要求官府为他做主。

那个姓舒的家人回到崔府，马上就被崔思兢传去。崔思兢大声斥骂他说："你这个无耻的恶奴，胆敢下口咬你的主人。我告诉你，崔家如被判了谋反之罪，全家被抄斩，我就说你姓舒的也参与了谋反，就这一条你也得成为刀下之鬼。你速速告诉我秋玉在哪里。找出秋玉来，全家免死，我还赏你五百匹锦缎，够你活一辈子。找不到，我先杀了你。"

那个姓舒的家丁听了吓得脸色煞白，浑身筛糠，赶忙跪下求饶，说他知道秋玉的下落。然后他就率领家丁直奔告状的那家府上，从那家的夹壁里找到了秋玉。

秋玉找到了。所谓崔宣意欲谋反的罪自然就不攻自破了。武则天无奈，只得把崔宣放了。可是总觉得脸上挂不住。这个心胸狭窄的女人，没几天就给了张行岌一个四品的闲职，削了他的实权。算是出了一口恶气。

张行岌为人鸣冤，却落了个四品闲职的下场，的确有些不太公平，但他救了崔宣一家老小的命，可谓功德无量。

# 徐有功自比山鹿

武则天时期的周朝，出现了这样一种奇怪的现象，在奴婢或仆人中间兴起了一股歪风，他们枉告主子，自己去邀功领赏，专门干那些见不得人的勾当。

润州（今广西桂平一带）刺史窦孝堪的妻子庞氏，不知怎么得罪了一个手底下的仆人，这个怀恨在心的仆人便偷偷地向武则天告了庞氏一状。这下可好，得知此事的武则天大为恼火，便命御史薛季旭尽快审理此案。在薛季旭严厉地审问下，庞氏屈打成招，可怜的庞氏就这样被问成了死罪。

眼看着庞氏行将就戮，庞氏的儿子向侍御史徐有功递了上诉的状子。徐有功仔细地阅读了递上来的状纸，知道这里肯定有冤情，就马上下令停止行刑，决定召集有关人员重审此案。

在重审时，薛季旭将此案审决说得天衣无缝，再加上其他一些小人的附和，徐有功的意见未获通过。庞氏就这样被处以绞刑，武氏地狱又多了一个惨死的冤魂……

庞氏被处死后，武则天特意召见了徐有功，耐心地对他说："爱卿断此案，所失太多。"

徐有功暗含讥讽地说："所失再多，亦为臣下的小过；救死扶伤才是圣人的大德。臣愿陛下弘扬圣人大德，如果能够如此，则天下百姓幸甚！"

武则天当然听得出来徐有功的话外之音，沉默了许久，一言不发。后来，勉强说了句说："你下去吧！"

或许就是因为徐有功的这些话，才会有了后来的徐有功流放于岭南的事情。

过了一个月，武则天又心血来潮，授予徐有功侍御史之职。徐有功痛哭流涕，就是不肯赴任。武则天却一再坚持，这时的徐有功只得上奏武则天，表明自己的态度，对武则天说："臣听说鹿奔走于山林之间，而它的命是悬于厨师之手。为什么会是这样呢？这是因为它的命运使然。陛下任命臣为执法官。臣常执法宽厚，若这样，臣一定会像山鹿那样，早晚得死于厨师之手。”

武则天听了不置可否，仍坚持授其侍御史之职，后又升徐有功为司刑少卿。当时周兴、来俊臣罗织冤狱，草菅人命，天下被抄斩的人家何止千百。在徐有功任职期间，由他平反的人很多，根本无法计算。中宗朝追赠徐有功为越州都督，官居一品。

徐有功看不惯世间不平的事儿，自然也会碍有些人的眼，武则天之所以又升徐有功的官职，也很容易理解，因为她看中的正是徐有功的这一点。

徐有功看得很清楚，他心里明白厅堂之上的这位皇帝是怎样一个人，也知道自己若是继续为官，又会怎样。正如他所说，他不希望自己像山鹿一样，死于厨师之手，成为餐桌上的美味。

在当时的历史条件之下，徐有功尽管鸣了心中不平之事，但却冒了极大的风险，因为他十分清楚地知道，鸣冤者，永远处于被动。

# 净满得救

武则天朝，恒州（今河北石家庄一带）鹿泉寺僧人净满德行高洁，不少僧人都十分嫉妒他。为了报复，众僧便画了一幅画，画上是一个住在高楼上的女人，净满正在拉弓射箭向个女人瞄准。他们就把这幅画当成状纸，递到武则天那里。武则天看画大怒，疑心那画中的女人是自己，净满有反意，便下令让御史裴怀古断此案，立即判净满死刑。

裴怀古是一个忠勇之士。审完后他宣告净满无罪释放，独独让那些告净满的众僧反坐，想要定他们的诬告罪。裴怀古把这一结果告诉了武则天。武则天听了十分吃惊又十分震怒，她的脸色变了，甚至连说话声也变了。她责备裴怀古执法宽纵。裴怀古坚持己见，不肯屈服。李昭德在一旁进言说："怀古审此案过于疏略，请陛下令他重新审理此案。"

裴怀古当即厉声反驳："陛下的法律是无论亲疏，公正无私的。为什么要让我诛杀无罪之人以讨好圣上？假使净满真有反意，臣有什么脸面去宽宥一个反叛之人呢？臣遵循的是朝廷的法典，不希望滥杀无辜。我做到这一点，就是叫我死，我也没有什么怨恨的！"

武则天听裴怀古这样一说，有些回心转意，于是不去追究裴怀古之责。

后来裴怀古随阎知微赴突厥与突厥人和亲。突厥人立阎知微为王，称其为南面可汗，同时进犯河北的赵、定二州。裴怀古乘混乱之机慌忙逃走。他身体羸弱，跑了半天跑不动了，便坐下休息。他一边休息一边祷告上天，愿上天保佑他回到南土，回到华夏之邦，就是死也愿意死在故国。祷告完毕，他有点倦了，便小睡一觉。在睡梦中，他觉得有个人像是净满，指给他一条逃生的路。醒后，他沿净满指的一条小路走，果然走出险境，逃脱了虎口。当时人以为这是净满高僧对裴怀古救命之恩的回报。不过这也许是巧合吧。世上巧合的事也是多着呢。

# 不平则鸣马怀素

魏元忠与张说二人为张易之、张昌宗两个奸臣所陷害，被武则天流放岭南。在魏元忠与张说启程赴岭南时，夏官侍郎崔贞慎、将军独孤祎之、郎中皇甫伯琼等八人在郊外为魏元忠、张说二人送行。不巧，这事情被张易之知道了。张易之便以“柴明”之名向武则天打了小报告，说崔贞慎等八人与魏元忠、张说等谋反。武则天接到密报，立刻命马怀素审问此案。武则天对马怀素说：“此案基本属实，简单勘问一下，可速结此案。”马怀素尽管一言不发，但却有着自己的打算。

在马怀素审案时，中使又屡次催促说：“此八人反状已明，何必还要费这么长时间磨嘴皮子？像这样，要等到几时才能审完？莫非马大人有意偏袒不成？”

中使的话，显然是代表了武则天的意志，言外之意，便是不管这八个人有没有谋反之意，案子就该这样结了。

马怀素听了中使的话，一言不发，只是瞟了他一眼。但这一眼瞟得恰到好处，中使就像是被打了镇静剂一样，马上消停了下来。

马怀素审理完案子，向武则天复命。

向武则天奏道：“请宣柴明对质。”

武则天勉强压制着心中的怒火，不耐烦地说：“朕也不知道这柴明在什么地方。你只根据举报断案好了，还要什么柴明不柴明！”

马怀素说：“经臣查明，崔贞慎等人并无谋反之意。”

马怀素使武则天大发雷霆，质问马怀素：“难道你想宽纵反叛之人吗？”

马怀素说：“魏元忠是以国相身份被流放到岭南的。崔贞慎等为朋友送行，即使有可责怪的地方，这也不能算是谋反。汉朝时彭越以反叛罪被诛，可栾布却在彭越的尸体旁向皇上启奏，汉朝天子并没有给栾布判什么罪名。何况魏元忠的事又是彭越之事所不能比拟的。陛下怎么能轻易地给送行的人加上反叛的罪名呢？陛下当然有生杀之权，想要加什么罪名任凭皇上的意思好了。现在叫我审问，我只能依法办事。”

武则天摇着头，用责问的口气说：“看来你是不想给崔贞慎等人判什么罪了？”

武则天的口气中虽带着责问，但明显在态度上已经有所缓和，她清楚地明白，这种强加的罪名必然要遭到马怀素的强烈反对，她太了解这个人的性格了。

马怀素答到：“臣见识浅陋，没有看出崔贞慎等八人有什么罪。”

此时的武则天已经过了气头，她也只好给自己打圆场说：“你守的是朕的法律，朕错怪你了。”于是赦免了马怀素并崔贞慎等人。

当时朱敬则听说这件事，在朝廷之上亲执马怀素的手连声赞道：“马大人，可爱，可爱。”

当时贤德之士也都十分赞赏马怀素这种心底无私、不畏强权的高尚品格。他挽救的不仅仅是八个人的生命，而是八个家庭的幸福。

# 武则天立太子

一天晚上，武则天做了一个梦，梦见一只羽毛十分丰满的鹦鹉，两个翅膀受了伤，站在一个地方垂翅而立。她也没明白这个梦是好还是不好，是吉是凶，究竟预示着什么。

早朝时，武则天便以梦为题询问群臣，希望得到一个满意的答复，但大臣们谁也不敢妄加剖断，谁能揣测出武则天究竟想听什么呢？说准了，武则天肯定会有重赏；要是说不准，武则天这个人平时又是个喜怒无常，谁都不敢轻易表态。官员们一个个面面相觑，纷纷低下头一言也不敢发。

武则天看着满朝的文武官员正要发怒时，内史狄仁杰站了出来，上前说道："其实，这梦说来也很容易解释：陛下梦中梦到了鹦鹉，那鹦鹉中的'鹉'字便是陛下的姓氏，以喻陛下；两个翅膀是指陛下的两个儿子，也就是庐陵王和相王二位王爷。如果陛下真的能起用两位皇子，那梦中鹦鹉的一对翅膀就会很快伤愈，陛下大可以放心。"

站在朝堂之上的武承嗣、武三思听到狄仁杰的这番话，急得满脸涨红，一直红到颈项。想要上前争辩，但狄仁杰话说得滴水不漏，一时又不知从何处插嘴，直急得抓耳挠腮，不知该如何是好。

不久，契丹兵围困幽州，他们下给朝廷的檄文上有一句是："还我庐陵、相王来！"武则天看到这句话，想起狄仁杰给自己圆梦时说的那些话，便对狄仁杰说："爱卿曾为我圆梦。现在那个梦真的应验了，这说明你圆得很对。现在朕觉得是该立太子了，是时候了，你看应该立谁好呢?”

狄仁杰语重心长地说：“陛下内有贤子，外有贤侄。其中的取舍详断，还望圣裁。”

狄仁杰是故意的，他明知道武则天不会把自己的侄子立为太子，就算是立了也是名不正，言也不顺，对满朝文武难以交代，狄仁杰摸透了武则天的脾气，就算是武则天在立太子这个问题上犹豫不决，但听了狄仁杰的话，也很有可能就此打消顾虑。

武则天知道狄仁杰是故意的，她并没有生气，但故意语气生硬地说：“我有儿子，至于武承嗣、武三思，他们算什么，敢和我的儿子相提并论!”

武承嗣、武三思听了，便掩起耳朵借故慌忙走开了。其实，这两个人心里明白，太子根本就轮不到他们，能在武则天身边做事，就是因为他们沾了姓的“光”了，他们也不敢再奢求什么。

于是，武则天立庐陵王李显为太子，任命其为兵马大元帅。

契丹人刚来进犯的时候，因为对战事没有准备，征兵工作十分困难，主要是百姓对国家没有信心，让人看不到希望。毕竟太子没有合适的人选，这就意味着，国家没有合适的接班人，人心不稳。后来，听说太子要带兵打仗，应征入伍的人一下子多了起来，北邙山头站满了人，连下脚的地方都没有了。契丹人见了这种情景只好不战自退，边境上又赢来一片可贵的宁静。

在当时的环境之下，狄仁杰的机敏与果敢避免了一场战争的发生，他聪慧的语言，使得武则天能够欣然接受，心中的不平，就在这字里行间中渗透出来。

不平则鸣，说的不是要大喊大叫，鸣心中的不平为的是解决实际的问题，反映真实的情况，找到更加合理的解决办法，而不是像有些人，为吐一时之快，不顾后果。

狄仁杰既解决了问题，又鸣了心中的不平，一举两得。

人们常说，日有所思，夜有所梦。狄仁杰正是抓住了武则天的这种心理，来了个顺水推舟，既解了武则天心中的疑惑，又把李姓皇子推到了前台，这正是狄仁杰希望看到的。

梦仅仅是一个由头，只是一个借口，不能当真。

# 一语千金

话说到点子上，有时也价值千金。不信请看下面的故事：

长安（701—704，武则天最后一个年号）末年，象周兴、来俊臣这样的为恶多端的酷吏都一个个伏诛了，天下称庆。武则天看到这种情形，她似乎有所悟，便对侍臣说："以前一段时期，不少朝臣被周兴、来俊臣推勘审问，一个接一个地伏诛。国家有法有度，朕亦不能违反。但是我想，其中一定会有些人是受了冤枉。因为如果不是这样，那么为什么周兴、来俊臣等被诛后，朝廷中就没有听说有人欲反的事呢？”

这时夏官侍郎姚崇回答道：“自垂拱（685—688，武则天专权后的第二个年号）以后，被人告发而身死家破的人，全都是被冤枉的好人。所以会是这样，全是告发者想以此邀大功。天下人称这种做法为罗织，其酷烈的程度要远远地超过汉朝的党锢之祸呢。陛下令近臣来审问推勘，这些近臣想要保全自己，就千方百计地定被告为反罪。现在有赖上天的点拨，陛下有所悟，诛灭了元凶，朝廷一片宴安。从今以后，臣下愿以一门百口人担保，现在内外官吏中不会再有谋反的人了。”

武则天听姚崇说到这里，十分高兴地说：“以前那些宰相，都顺承我的意思，不敢秉公推勘。这样，朕就成了淫刑之主了。听到你刚才说的话，特别合我的心思。朕要好好地谢你。”

说完，武则天大为动容，立即赏给姚崇白银一千两。一句话得了千两白银，可见说到刀刃上的话也十分值钱。不过姚崇说的这话，反映了武则天时代的滥杀无辜的实情；特别是姚崇能亲自当着武则天的面这样说，这话就更是千金难买了。因为以一家百口担保，此话一出，无法收回，谁知道这个反复无常的杀人魔女会做出怎样的反应呢？说不定她会一反常态真的要诛灭姚崇一门百口了。从中确实可见姚崇大胆直言的可贵精神。

# 定昆池的由来

安乐公主是唐中宗与韦后的女儿。

公元 705 年，复位后中宗只肯信任韦后，把原来拥护他复位的旧臣如张柬之等人逐出了朝廷。

公元 710 年，韦后与安乐公主合谋毒死中宗李显。后来，李旦的第三子李隆基发动羽林军攻入宫中，杀了韦后和安乐公主，全部剿灭了宫中的武派与韦派势力，这一出武则天式的闹剧才算平息。

中宗朝，安乐公主与韦后势力很大。韦后希望自己能像武则天一样临朝，甚至想当第二个女皇帝，安乐公主想当个皇太女。

一天，安乐公主向中宗上奏。想以昆明池的汤水沐浴。中宗说："这绝对不行。自前朝以来，昆明池的汤水除了帝王与王后可以用，其他人是绝对不允许使用的。"

满怀希望的安乐公主却碰了大个钉子，要起了公主脾气，一气之下的她，雇用了大批的劳力，在昆明池一侧挖了一个新的池子。修好后，名定昆池，意思是压过昆明池，其中也含有夺天下之意："定昆"，即定乾坤也，以"昆"谐"坤"音的缘故。池子修成，中宗和韦后都来赴宴，庆贺新池修建完成。中宗下令，公卿以下每人赋诗一首，以示庆贺。这时黄门侍郎李日知赋诗有句云：

但愿暂思居者逸，
无使时传作者劳。

诗的意思是说：只是希望用此池子的人能想到自己的一时安逸，不要总想修造此池人的辛苦累劳。这话当然是反话，是讽刺安乐公主作威作福和恣行无忌的。可话又说回来，说了又能怎么样？水池建成了，这已经成为了不争的事实，就算是说，也只能是鸣一鸣不平罢了，根本不会起到多大的作用。

后来睿宗即位。一次睿宗对李日知说："朕当时见了定昆池也什么都不敢说，也只有爱卿才能说出这样的话，敢于写这样的诗，要不怎么能写出那样掷地有声的诗句。"

为表示谢意，睿宗升李日知为侍中，李日知竟因两句诗而得升官。可以说睿宗还是十分有眼力的。、

李日知的诗，虽十分隐讳，但知道内情的人，都能明白，这首诗是有所指的，他的睿智与勇敢，不但鸣了心中的不平，而且也说出了大多数人的心声。

不平则鸣，尽管只有简单的四个字，但所表达的含义却真的令人深思。在当时的历史条件下，人人都有不平事，少有人来鸣不平，这是一个十分现实的问题。人往往为了保护自己，而不去惹这样的"是非"，省得给别人留下把柄，这是很正常的事情，但作为李日知，他用隐讳的诗来鸣心中的不平，而且正是因为这首诗，成为了他升官的依据，这是他始料不及的。

# 王维虎口夺爱

唐明皇的哥哥宁王李宪，他住所旁边有一个卖饼的人，卖饼人有一个长得极其白净漂亮的妻子。

宁王看上了卖饼人的妻子，于是送了很多东西给她的丈夫，卖饼人没有办法，迫于宁王的地位和权势，只好把自己的妻子拱手相让，宁王就这样把卖饼人的妻子娶进了门。

又一年过去了，宁王想看看她是否还想着原来的丈夫，便决定让她与饼师见面。经过了一年的相处，宁王想知道，她与饼师的情谊是否就此中断；再就是想知道，自己在这个女人心目中究竟会有多大的分量。

本来这样的场景中，最好是有两个人独处的镜头，但宁王不放心，便找了很多人参加，给人的感觉这不像久别重逢，倒像是在给其他人演戏一般。

饼师妻一见饼师竟双眼垂泪，哀恸万分。在座的有不少文人，都为这异常的凄恻和所感动。宁王见此情此景，便让在座的文人每人写一首诗给他。当时王维和宁王的关系很不错，他也被列如了邀请的行列。王维诗思敏捷，走笔如飞，他先交了“卷”。别人都害怕。担心一失言有可能招来杀身之祸，都没有交“卷”。宁王看了王维的诗，再看看眼前和自己生活了一年的女人，他开始意识到饼师的妻并不爱自己，她仍然深深地爱着饼师，他似乎真的犯了一个错误，他开始良心发现了，复杂的心情，显现在脸上，让在场的人都觉得，王维这回恐怕是难逃一劫了。

但令所有人都没有想到的是，宁王在看过王维的诗后，当场就把饼师妻又还给了饼师，让他们夫妻二人得以团圆。

那么，王维这首诗叫什么名字？他的这一首诗为什么会有如此之大的力量，竟能从虎口中夺王所爱呢？原来他这首诗叫《息夫人》。诗的原文是这样的：

莫以今时宠，
能忘旧日恩。
看花满眼泪，
不共楚王言。

这首小诗讲的是春秋时候的事儿。公元前680年，楚王灭了息国（息国在今河南息县西南），将息国国主的夫人——息夫人据为己有。息夫人在楚宫为楚王生了两个孩子。但从未和楚王说过一句话。诗的一、二句是仿息夫人口吻的内心独白：不要以为我有了今日的宠爱，就会忘了旧日的恩情；诗的三、四句转为诗人的旁白：瞧她看花时满眼都是泪水，她可从未和楚王说过一句话。这首小诗宁王自然是看懂了，他知道王维是在替饼师妻子说话，把自己比成楚王，把饼师妻比成息夫人。他受到了王维这一首小诗的谴责，有点儿良心发现，所以才放了饼师的妻子，让人家夫妻团圆。看来，王维这首《息夫人》真有撼动人心灵的作用和力量，诗歌的特殊功力也不可小看呢！

一首诗，换回的是一对恩爱夫妻的幸福，王维只用这短短的四行、二十个字委婉地表达出对宁王的不满，既含蓄又恰到好处，道出了王维心中的不平，使宁王及时改正了自己的错误。

# 北宋名臣范仲淹

范仲淹，北宋名臣，著名的政治家、军事家和文学家。宋真宗当政时期，大中祥符八年的进士，官至参知政事，职位相当于现在的国务院副总理。

范仲淹还是个小官的时候，就曾上书给当时的宰相大人，表达自己对当时朝政的看法，分析施政的得与失，阐释对百姓生活的利与害。

王曾见这篇文章写得很有见地，十分佩服范仲淹这个年轻人。此时晏殊正在京师，向朝廷推荐一馆职官员，名单提出后，王曾告诉晏殊说："您知道范仲淹吗？这个人有过人的才华和高尚的品德。您是想舍掉他而推荐别人吗？我已经让人把您的推荐表章搁置一旁了。最好向皇上推荐范仲淹。”晏殊听从王曾的意见，就推荐范仲淹就任了馆职。

冬至一天天的临近，那些负责宫廷仪仗礼仪的官员觉得自己表现的时候到了，他们为了取悦于章献皇太后，如果表现得好就能博得皇太后的宠信，一个个都铆足了劲，张罗了起来。他们开始做皇帝的工作，鼓动皇帝率领文武百官，向皇太后行献寿礼。皇帝孝敬太后属于皇帝的家事，一切礼仪应在家中进行，像这样“献寿于廷”是违反当时的国家礼仪的。

刚到任不久的范仲淹得知了此事，便立即写了一份奏折，文中摆明了利害关系，指出文武百官在私下议论的事情确有不妥，是违背国家礼仪的行为，切不可行，一旦动了此举，后果很难想像。晏殊知道了范仲淹奏章的内容后，既担心又恼火，他担心范仲淹真的惹出事来；他恼火是因为自己会受到范仲淹的牵连，又觉得就这样丢了自己的乌纱有些不值得。他出于无奈，又无处发泄，憋了一肚子火。

晏殊坐立不安，他觉得应该把范仲淹叫来，好好教训

他一顿。不知有什么事情的范仲淹，急忙从家里赶了过来，范仲淹一路小跑进了厅堂，可一进厅堂就觉得气氛有些不对，知道肯定有事，没敢出声，小心地站在一旁，等候晏殊问话。

晏殊的脸色苍白，像得了重病，可见在他的心目中，头上这顶乌纱有多重要，他连咬牙的力气都没有了。此时的他，见了范仲淹都有食其肉、寝其皮的想法，开口就是一顿训斥，范仲淹有一些晕头转向，不知因为什么事情得罪了晏殊，就站在那里细细地听着。

范仲淹总算找到了事情的根源，他没有了先前的紧张，更没有因为晏殊的地位而惧怕，清了清嗓子看着晏殊，终于开了口。

范仲淹表情严肃地对晏殊说："仲淹原本只是一介书生，蒙您抬爱才有了今天的地位，仲淹做事常常生怕有何疏漏，丝毫不敢怠慢，对您这样的前辈更是心存敬佩。今天听到您的话，是我未曾想到的。仲淹没有想到，会因为仗义执言而得罪了您，仲淹很伤心。”

听了范仲淹的话，晏殊有些惭愧，惭愧自己只考虑自己的得失。眼前的范仲淹却恰巧与自己相反，是一个仗义执言的人，晏殊垂头丧气十分的惭愧，苍白的脸上瞬时变得通红，面对范仲淹的质问一句话也说不出来。

# 不惧权贵抨击弊政

吕夷简，宋代著名政治家。宋仁宗时被任命为宰相。

吕夷简辅佐年幼的仁宗，在太后临朝听政的情况下，正确处理北宋国内外诸多矛盾，保证了北宋社会安定，经济发展，为宋代名相之一。

吕夷简出身仕宦之家，其祖父龟祥曾任安徽寿州知州，故移家寿州。他是真宗初年进士，历任通州通判、滨州知州、祠部员外郎、刑部员外郎兼侍御史。吕夷简才识卓优、清慎勤政，当时便有“廉能”之誉。知滨州时，他上疏请免掉农具税，真宗为之颁行天下。在祠部员外郎任上，他批评真宗建筑宫观是劳民伤财，请罢除冬天河运木石。真宗称赞他“有为国爱民之心”，数次委以大任。他曾出使契丹议和划界，返朝后升任知制诰之职，成为真宗的近臣。真宗末年，他升为龙图阁直学士迁刑部郎中，权知开封府。真宗把他的名字写在屏风上，朝野盛传吕夷简将要大拜为相。

明道二年（1033），太后崩，仁宗亲政。吕夷简向他提出八条规劝，即：正朝纲、塞邪径、禁货贿、辨佞壬、绝女谒，疏近习、罢力役、节冗费。仁宗皆虚心接受。仁宗郭皇后素不满吕夷简，在仁宗面前挑拨他与吕夷简的关系，吕夷简被短期罢相，旋即复任。郭皇后脾气暴躁，在宫中与尚美人发生争执，大打出手，不料一巴掌打在拉架的仁宗脸上。仁宗决意废掉她，吕夷简也表示赞同；孔道辅、范仲淹等人疏救，被贬官外任。

庆历二年（1042），吕夷简因风眩病倒。仁宗让他数日一至中书，裁决军国大事。并剪下自己的胡子送给吕夷简，说：“古谓胡须可疗疾，今剪须赐卿，望卿早日康复。”庆历三年春，吕夷简病重。仁宗召见了他，不让他下拜，扶他坐在自己面前，希望他在身体许可的情况下多多过问朝政。吕夷简再三辞让，仁宗允他以太尉致仕。不久，吕夷简病故。仁宗临朝叹曰：“安得忧国忘身如夷简者。(《宋史》本传)。令恤典从优，赠官太师、中书令，谥文靖，后配享仁宗庙。”

吕夷简在处理宋与辽、夏关系，巩固边防方面卓有贡献。他任用范仲淹用兵西夏，派名臣出使辽邦，与两国达成和议，实现了和平，保护了国内安定的社会环境，这是具有积极意义的。但在上述关系的处理上，吕夷简对辽夏让步太多，岁输银两、锦帛过巨，加重了国内财政负担，这是应当指出的。在用人上，吕夷简对反对他的人不够宽容。这些人物常常被他贬往远方任职，如孔道辅、范仲淹等。但是，吕夷简对真正有才干的官员还是能够重用的。常常一面薄惩示威，一面充分发挥他们的才能。故《宋史》称他：“于天下事屈伸舒卷、动有操术。”

吕夷简任宰相期间，所重用的人都出其门下，范仲淹批评他任人唯亲，并指出提拔官吏的正确原则，为此吕夷简非常不高兴。

有一天，朝廷议论建都之事，范仲淹又一次直言不讳地提出自己的看法，说：“洛阳是有险可守的地方，汴梁（今开封）则位于开阔的四战之地，汴梁适于和平时期当都城，战争时期则必须以洛阳为京都。应当扩大洛阳的储备，修缮王廷宫室。”

皇帝问吕夷简意见如何，夷简回答说：“这是仲淹脱离实际的迂腐观点。”

范仲淹再一次写了四论上呈皇帝，说：“汉成帝相信张禹，不怀疑国舅，所以才会出现新莽的祸害。恐怕今天张禹这样的人还是存在的；他将破坏皇帝制定的法令。”吕夷简听了范仲淹的话很愤怒，诬陷范仲淹“离间君臣关系，所月的人都是朋党之流”。范仲淹面对权贵的攻击中伤，毫不退却，而是更加针锋相对抨击弊政。最后，被贬为饶州的知州。

# 苏轼直言国事

苏轼，字子瞻，号“东坡居士”，北宋著名文学家、书画家，散文家和诗人。唐宋八大家之一。

苏轼和他的父亲苏洵、弟弟苏辙被称为“三苏”，与汉末的曹操父子三人“三曹父子”齐名。作品有《东坡七集》、《东坡乐府》等。

苏轼在政治上属于旧党，他与主张变法的王安石在政见上有很大的分歧，也曾受到过排挤，但他并没有因为这些而心存不满怀恨在心。尽管他与王安石有分歧，他只对事而不对人，并没有将新法一概否定，而是充分肯定新法中积极的一面。

北宋初期，制订了一种差役法，到王安石变法前一直沿用。一种法律，只有在推广应用的过程中，才会逐渐地暴露出存在的问题，编户们在充役时并不懂各项劳役的技艺要求，监督的官员又暴虐地驱使责打，有的民户因应差而破产，地狭人众的狭乡，竟有终岁也服不完劳役的。王安石在宋神宗时改为“免役法”，使民户按等第高下交钱，以钱雇役。但这往往又会成为一种新的负担，直接的受害者还是普通百姓。

其实，王安石的变法是为了富国强兵，希望能够以此扭转北宋积贫积弱的局面，北宋王朝的统治能够得以巩固。

王安石明确指出“政事所以理财，理财乃所谓义也”。说得再通俗一点儿，就是要把经济搞上去，经济得到了改善，政治自然也就开明了。这就是王安石任宰相的指导思想，也是他主张改革的最为根本的原因。

王安石在执政前就认为：“因天下之力以生天下之财，

取天下之财以供天下之费。”也就是“羊毛还得出在羊身上”。

执政以后，王安石继续贯彻自己的主张，曾经指出：“今所以未举事者，凡以财不足故，故臣以理财为方今先急”，而“理财以农事为急，农以去其疾苦、抑兼并、便趋农为急。”

王安石把发展生产作为当务之急，把农业生产放在了首要的位置上，其根本的原因就是要解决最实际的吃饭问题。

王安石认为，要发展生产，首先要把从事劳动生产的人的积极性调动起来，但要达到这一目的，国家就需要制定一些相应的方针政策。

王安石虽然始终强调国家在改革中的领导作用，但他并不赞成过多地干预地方的社会生产和生活。在王安石的指导下，制订和实施了一系列的新法，促进改革的推进。王安石又加紧对军事制度进行大胆的改革，不断地提高军队的素质和战斗力；为培养更多的能够适应新形势下的人才，他对科举、学校教育制度也进行了改革，王安石亲自撰写《周礼义》、《书义》、《诗义》，即所谓的《三经新义》，为学校教育改革提供了新教材。

变法触犯了保守派的利益，遭到保守派的反对。因此，王安石在熙宁七年第一次罢相。特别是由于变法的设计者王安石与变法的最高主持者宋神宗在如何变法的问题上产生分歧，王安石复相后得不到更多支持，不能把改革继续推行下去。加上变法派内部分裂，其子王雱的病故，王安石于熙宁九年第二次辞去宰相职务，从此闲居江宁府。

宋哲宗元祐元年（1086），保守派得势，此前的新法都被废除。政局的逆转，使王安石深感不安，当他听到免役法也被废除时，不禁悲愤地说："亦罢至此乎!?"不久便郁然病逝。

新法失败后，反对新法的司马光代替王安石为相。司马光深知免役法之害而不知其有利于百姓的一面，制定了恢复差役的政策，安排主管人员，设置专门机构，苏轼也在其中任职。

关于这件事，苏轼不从成见出发，直陈自己的观点，他说："法律有连续性事情才容易办，事情只有逐渐进行百姓才不会受到惊扰。现在您要骤然罢免役法而行差役，这不是一件容易办到的事。”

意见反映到宰相那里，司马光对此不以为然。苏轼仍坚持自己意见，又到政事堂去陈述。司马光这次可急了，愤怒地指责了他，但苏轼无所畏惧，继续说：“以前韩琦曾就陕西义勇的事务提出主张，您当时是谏官，当堂与他争辩十分尽力，韩琦为此很不高兴，您并不顾忌这些。我过去曾亲耳听您说过当时的详细情况，怎么今天您当了宰相，就不许我把话说完呢?”司马光也被他责问得笑了起来。

# 何先忤秦桧

靖康初年（公元1126），秦桧为中丞，马伸为殿中侍御史。一天，有人拿着文字材料到台院说，北军（指金国）令朝中另立异姓君主。话音未落，马伸便说："皇位是老天安排好的，怎么能按人的意愿改变呢？再说，如果不让姓赵的当皇帝，谁能代替他呢？"秦桧这才表示同意，联名书之。

不久，宋徽宗与宋钦宗被金兵俘虏，金人立张邦昌为楚帝。秦桧也随二帝北行。此时马伸主持台院，连日向张邦昌递交文书，申明说"皇帝前往大金，太宰、相公暂时持国事，不知何日，皇上能复辟，重执国政，谨向太宰相公表明，请求朝廷下令实行。”直到康王（宋高宗赵构）即位，马伸才停止上书。

马伸门下有个弟子叫何先，是邵武（今福建邵武）人，很早就师从马伸。后来秦桧南归，将建议立赵氏为帝之功据为己有，身居高位，权倾一时。何先常常感慨马伸功绩被湮没，想要讲明事情真相，每次拿起笔来，均被他儿子劝阻。理由是秦桧气焰嚣张，权高盖主，怎么可以引火烧身，惹祸上门？何先表面上听从了儿子的劝阻，私下里还是把马伸的生平事迹写成文字材料，向朝廷上书。

书中文字委婉曲回，只说自太师公（指秦桧）随二帝北行后，只有殿中侍御史马伸，因二帝复辟之事，不断向张邦昌上书。并将马伸生平事迹附后，请求置之史馆，以利日后立传，希望表彰马伸的忠诚。驿路士卒把文字交付朝廷后，何便解下印绶辞官而归。

秦桧见到何先上书，十分震怒，先把一路传递文书的士兵痛打一顿，然后派廷尉追捕何先。狱吏手持秦桧命令前来邵武，姓张的太守惊慌失措，不知怎么回事，吓得晕了过去，第二天才苏醒过来。属下将他扶到厅堂，打开封皮细看公文，才知道狱吏要追捕的原来是左朝奉郎何先。

这才派官吏到村落去追赶捉拿。

不久，御史台考核官吏政绩，而何先已身在大理寺听候审判了。秦桧只说靖康时虽然有马伸为殿中御史，但没有听说他向张邦昌上书一事，令御史台拟军令状，说何先上书不实，降官一品，罢免前任职务。宋高宗与秦桧意见不一致，说处罚太轻，特追降二品，羁置在英州（今广东英德）。这是绍兴丙戌（公元 1166）年间的事。

第二年，秦桧死去，宋高宗批示说，何先所犯，实在冤枉，命令有司平反，何先遂官复原职。何先在英州呆得好好的，回到家门前，有亲戚前来祝贺，喜马伸之事真相大白。何先大喜过望，突然病倒。朝中虽欲重用，而他已力不从心，一年后死去。

# “韩信”主试取三秦

宋高宗绍兴十二年（1142），由尚书省主持的会试照常举行。秦桧之子秦熺、侄子秦昌时、秦昌龄三人一起考中，同榜登第。消息传出，举国哗然，议论纷纷。秦桧之子秦熺，原是秦桧老婆王氏侄儿，后过继给秦家为子。他是一个白痴，每逢秦桧大宴宾客，优伶们演出杂剧时，秦熺便张大嘴哈哈大笑，全然不懂礼仪，满身傻气，秦桧有苦难言。就是这样一个地道的傻瓜，居然榜上有名，岂不天大的怪事？这种考试谈不上为国选拔人才，大不了是主考官有意讨好秦桧。无奈秦桧权倾一时，炙手可热，人们心中有气，可惜敢怒不敢言。

三年后，宋高宗绍兴十五年（1145），又逢会试，借新春佳节之际，临安县城的舞台上上演了一出杂剧，将人们心中的愤懑抒发出来。

大幕拉开，一帮读书人进京赶考。闲谈之中，大家关心起今年由谁来担任主考官，有的说该是某某尚书，有的说是某某侍郎，争执不下。这时戏中的男主角说："错了错了，你们全都猜错了，要我说，今年的主考官一定是非彭越莫属。"此话一出，众人一时丈二和尚摸不到头脑。有人发问："朝廷之中没听说有这么个人，他是干什么的？"有人回答说："亏你还要参加什么考试，连汉高祖手下的大将梁王彭越都不知道，笑话笑话，"那人又问："这梁王再厉害，已死了一千多年了，怎么能来主持今年的考试呢。"这边回答说："这你怎么没想到呢，上次考试，主考官是楚王韩信。这次考试，梁王彭越岂能不来，他们本来就是一类人嘛。韩信能来得，彭越如何来不得。我敢说今年该轮到彭越主考了。"众人一时未悟出其中奥妙，纷纷追问："你怎么说前年是韩信主考呢？"男主人公反问一句："如果前年不是韩信主考，怎能取得'三秦'呢？"

观众听到这里，恍然大悟，原来这是讽刺前年考试不公，秦桧一子二侄皆榜上有名之事。观众中有胆小怕事者，怕秦桧找自己的麻烦，不敢再看，四散而出。

当年楚汉相争，项羽进据咸阳，三分秦地给秦的降将，以章邯为“雍王”，司马欣为“塞王”，董翳为“翟王”，称为“三秦”。韩信为刘邦大将，明修栈道，暗渡陈仓，首先攻取“三秦”，拉开了楚汉相争的帷幕。演员借古讽今，秦桧哑巴吃黄连——有苦难言，也不敢公开惩罚演戏的优伶。

# 张可与直言敢谏

张可与是济南人，为人正直，为官廉洁，主持正义，持法公平，如果是为国家尽忠尽力之事，赴汤蹈火也在所不辞。他当中书郎中时，碰上过这样一件事。先皇帝在世时，有一个大奸臣因罪大恶极被杀。后来，这个奸臣的两个儿子瞅空子钻进皇宫，充当侍从，颇得皇帝的欢心，各授行省平章（最高地方行政区长官）。在向皇上告别时，这两个人说："我们的父亲在墓地，没有料到会招惹先帝而死，死不瞑目，臣下冒死请求陛下为先君洗刷罪名。"皇帝便下令让中书省审查，唯有张可与不肯从命。

过了一些日子，皇帝又把丞相招去，当面传达旨意。

丞相退朝后，对张可与说：“这两个人受皇帝宠爱，我们有什么办法？”张可与毫不畏惧地说：“朝廷要给此人举行赠典，必须要洗刷他的罪名。若这样做了，岂不是说，当初先皇帝不该杀他，人们会以为先皇帝是什么君主呢？陛下对于先皇帝，反倒不如大奸臣的后代了。这不孝，到底哪个大呢？”丞相把这番话跟皇帝一说，皇帝为之动容，就不再坚持己见了。

张可与休假时，有人起诉说皇帝宗室有人谋反，上命押送到刑部审问，后来此人死于狱中。此人的妻子见了皇帝，哭着说：“臣妾的丈夫某某，本无罪，却已冤死，请求皇上为臣妾做主。”皇帝只知将此人送刑部审问，不知其人已死。皇帝大怒，命御史台过问此事。丞相也害怕了，特地来找张可与商量。张可与便抱病来到中书省。拿过审讯记录，签上自己的名字，众人皆惊愕不解。丞相说：“恐怕是刑部的官员行为有错误，想要审查得简略些，并不是要你签字画押。”张可与却说：“从丞相往下，都应该听理诉讼，我为什么要独求免除呢？”随即将有关材料封好，让官员送到御史台。御史台负责人问：“张郎中（指张可与）可曾在案卷上签字？”回答说：“签了。”台内的官员议论说:“张郎中所做的从未有过差错,何况这件事呢。中书省按圣旨行事,执法人有什么罪过呢?”于是,向皇上禀报说:“臣等已取来中书省案卷审查,宗室某某确有谋反之罪,所死不冤枉。”皇帝点了点头,这才算平息下来。

# 八大山人轶事

八大山人是清初著名画家，姓朱名耷，本是明朝宗室。崇祯十七年，明朝亡国时，他还不到20岁，是诸生。在清政府严酷捕杀朱明王朝宗族的政治氛围下，他只好隐身书画；又唯恐不能自保，于是弃家出走，隐遁在江西南昌附近的奉新山中，落发当了和尚，一住就是二十年。

他习字练画，终日不辍。竟自成一家。他的行书、楷书学王献之，狂草怪癖，推陈出新，别具一格，把晋唐风格超技之处汇于一炉。又特别擅长画水、花鸟、竹木，尤其喜欢画水墨芭蕉、怪石、芦雁、洒汀凫等，挥笔倏然而就，颇有逸气，因此当时人争先恐后藏其墨宝。

他的画以简略取胜，偶有精密的，尤称绝妙。这和他的人品、思想有关。他以隐逸为高，为人襟怀浩大，慷慨任侠，落寞不群，啸歌山泽市井。因此他的画才能做到形象简括，笔墨不多却精神优美。落落有奇气。

他喜饮，即使是贫士或者是市井中屠宰、卖货主人邀请他喝酒，他也不避贫贱，欣然前往，而且必定一醉方休。醉后必挥洒笔墨，淋漓成书成画，自己也不爱惜。他常在僧舍寄寓，小和尚们向他要画，拉袖子牵衣襟的，他也不在意，一一坦然处之。那些寒士朋友向他要画，他也从不推辞。只是那些高官显宦要得他一字一画却是难上加难，即使出重金也不能买他的“一石”、“一竹”。据说有一次一个很有身份的人拿了很多钱，还带了绫绢来求他画。他举着白色绫绢说：“这东西可以做袜子。”所以有钱人想得他的画，反而得到穷苦读书人、山僧或者市井贩夫走卒手里去买。

临川县令胡亦堂知道八大山人名气大，就把他请到自己的官衙中，住了一年多，没想到他的精神一天不比一天，竟然像得了疯病一样，大笑大哭，有时整天坐在屋里哭泣，不出一声。一天晚上，忽然把自己身上的和尚装束全部撕碎了，一把火烧掉，绕着城跑。有时又一个人戴顶布帽子，拖着一领长袍子，假装发狂，在市集中乱走，后面跟着一大群小孩哗然讪笑，他也不在意。大概是他心志郁结，自己无法排遣、解脱，就采取这种方法抒散一下吧！世人不理解他，把他看成是狂士，也有的人能窥其胸中一二，所以称他为“高人”，但是谁又能真正理解他呢？

他的书画落款“八大山人”四个字写得就像“哭笑”两个字一样，大概他的字和画都一寓之于哭笑之中吧？

有一天，他在自己住室的门上，写了一个大大的“哑”字，从此不发一言，和人不交一语。但是从此更好哭，也更好喝酒。有人请他喝酒，他就缩着脖子拍手大笑，笑声沙哑。有时又和别人做藏物游戏，赌胜了又哑然大笑，赌输了就用拳头砸着对方的后背大笑，笑到最后就大哭，确是“狂士”。

满清初年的政治高压，使人变痴、发狂都不奇怪，何况他又姓朱，是明朝宗室呢！

# 熊县令不惧高官

清乾隆皇帝南巡，这下可忙坏了两江总督黄廷桂。他借机大显威风，一切需求都要立即办妥，下属们谁也不敢违背他的旨意，只有丹徒县有一个姓熊的县令不理他这一套。

在为乾隆皇帝过此开辟御道时，熊县令不愿为此毁人家的冢墓，让御道绕弯约一里路。黄总督知道后大怒，说皇帝出巡不顺直道走，是大不敬，如不赶快改过来，论罪当斩。

熊县令不慌不忙地说：“走的是不是直路皇帝怎么会

知道？难道皇帝驾前会有人拿着指南针？难道从京师到丹徒就没有拐一个弯？再说，当今皇上又不是秦始皇，他要是听说江南有人为他的南下的行程而发掘冢墓，暴人尸骨，一定会大为震怒，这样一来，恐怕有罪的是您而不是我。”

周围的官员听了熊县令的话十分惊恐，有的人拽着他让他给总督赔礼谢罪。熊县令没有接受那个人的“好意”，他高声说道：“不过就是罢我官而已，还能杀我吗！”

有一次，江苏的一位按察使通知熊县令将丹徒县的一个特别奸狡的人押解来省。当熊县令了解到这其实是一个非常憨厚朴实的农民时，便马上把这农民放了。

后来，熊县令去省城见到按察使时，这位大人仍旧怒气未消，斥责他说：“你看他是好人就把他放了，我难道就分不出好人坏人吗？”

熊县令说：“由丹徒县送到按察司，中间还有胥吏们层层的敲诈勒索，您纵然有皋陶（传说为舜的大臣）那样的明察之力，但审讯之后也得放他回家，而那时他早已破产了，诬告的人却得意了。”按察使听后，无话可说。

熊县令处处为民着想，替百姓鸣不平，是少有的好官，他维护了百姓的利益，为百姓伸张了正义。

# 避暑与热河

敢讲真话，往往要得罪人。乾隆的侍卫，在乾隆面前讲了真话，没掉脑袋还算不错，但很快就被乾隆赶走了。

清代皇帝乾隆到了晚年，懒于政事，喜欢四处游玩打猎。为了能在盛夏季节中有个避暑游玩的地方，他下令在承德特意修建了避暑山庄。

有一天，乾隆到苍石游玩，他深深地被这里的环境所吸引。这里的景致优美，眼前是一片绿地，四周是茂林和修竹，郁郁葱葱，正好一阵清风徐来，凉爽袭人，十分惬意。乾隆觉得这里不但景色宜人，空气也好，不禁对身边的侍卫赞叹道："这个地方气候凉爽，风景优美，比京城强多了，真不愧是避暑山庄啊！”

侍卫听乾隆这样对自己感叹，不禁犯了嘀咕，心里想，皇上的话，虽然属于自言自语，但是，这时他身边只有自己，那话是冲着自己说的，到底是回答好呢，还是什么都不说呢？一时左右为难起来。

乾隆见侍卫半天没说话，就又问了一句：“你说说看，这里到底怎么样？”

侍卫觉得自己是被乾隆逼到墙角了，不回答他的问题，是根本不行了，因此，只好问乾隆：“万岁爷，您老人家到底是想听真话，还是想听谎话呢？”

乾隆几乎是不假思索地回答：“当然是想听真话了！”

侍卫又问乾隆：“万岁爷，奴才要是说了真话，惹您老人家不高兴，怎么办？”

乾隆随口说道：“朕赦你无罪！好了，别啰嗦了，快说吧。”乾隆有些不耐烦了。

侍卫有了乾隆赦免的话，心里有了底，才慢条斯理地对乾隆说道：“万岁爷刚才说的一点儿都没错，这里的风景好，气候也好。不过，您是把这里的景致，把这里的气候，和宫里的比较。”

侍卫说到这里，把话顿了顿，瞅着乾隆的脸色，乾隆的脸色，似乎决定着他往下的话，到底该不该说下去。

乾隆见他不说了，问他：“怎么不说了，说呀，继续说下去。”

侍卫见乾隆这会儿的兴致挺高，乐意听自己说，就继续说道：“如果说外边的情况，与宫里比较，那就不好说了。”

侍卫说到这里，话又停了，一双眼睛，在乾隆的脸上一瞥，是难以被人觉察的一瞥，他为什么用这样的眼光看皇帝？皇帝，是真龙天子，别说是身边的侍卫，即便是跟前最亲近的大臣，也是不敢轻易抬眼看皇上的，这是规矩。所以，侍卫用一瞥来看乾隆，也就属于再正常不过的了。

乾隆见侍卫又不说话了，似乎有些急了，问他：“你怎么又不说了，我不是已经告诉过你了，今天不管你与朕说什么，朕都赦你无罪！”

侍卫这才又说道：“万岁爷有所不知，承德是个非常小的地方，不但地方小，这里的房子也都低矮，普通百姓大都蜗居在这些低矮的小屋子里。而且这里的家家户户，灶台相连，炉火烤，太阳晒，温度超过京城十倍。所以这里的老百姓说：‘皇帝之庄真避暑，百姓仍是在热河。’”

侍卫一口气说完了这些话，长出了一口气，脸色十分难看，蒙上块布，可以哭得过了。这时的侍卫，已经恒定了心，生死全凭皇帝发落了。因为他的确是在乾隆面前讲了真话的。

乾隆听了侍卫的话，什么都没说，刚才被这里的景致与气候吸引的好兴致，全都跑到爪蛙国去了。乾隆冲侍卫挥了挥袖子，扭身走了。侍卫在乾隆身后，远远地跟着，不敢再靠近半步。

没过几天，这个在乾隆面前敢讲真话的侍卫，就被乾隆赶走了。

# 寇连材轶事

寇连材，清朝时期直隶昌平州人氏。

15 岁时进宫侍候西太后慈禧，任梳头房太监。慈禧见他乖巧可爱，聪明伶俐，非常喜欢他。当时凡是西太后宫内的一应用具、各项财物支出均由他掌管。等到稍微长大一些了，看到西太后不顾国事多么艰难，整天荒淫无度，也曾多次劝阻。尽管他此举触犯圣怒，但慈禧见他年岁小，身份又低贱，因此对他只是申斥几句，并未降罪。光绪二十一年（1895）十月，此时的西太后已经有了想废掉光绪皇帝的想法，并开始败坏光绪的名誉。她首先让光绪吸上了鸦片，而后又令太监李莲英及内务府的人员在众大臣中间散布谣言，说光绪已经失去了作为皇帝应该具有的品格，到了非废立不可的地步了。与此同时，西太后又大兴土木，修建颐和园供自己娱乐。寇连材见此情景非常忧虑，整日不是紧锁眉头就是低头沉思，如醉如痴的，别的太监、内侍都以为他得了精神病了。丙申年（1896）二月初十早晨，西太后刚睡醒，床前的帷帐还没有撩起来，寇连材就痛哭流涕地跪在了她的床前，西太后撩开帐子问他因何啼哭，他哭着说："国家已经到了这样危急的时刻，老佛爷你即使不为祖宗社稷、天下兴亡考虑，难道你也不为自身考虑吗？怎么还忍心继续纵情淫乐，致使宫内生变呢？"

西太后闻言大怒，以为他发疯了，当即把他骂跑了。寇连材从西太后的寝宫出来后，向总管请了五天假，回家去了。到家后，与父母说了宫中发生的事，把各种事情料理了一下，又拿出一册他亲手作的宫中发生的事情的记录簿交给了他弟弟，诀别了父母兄弟，回到了宫里。当月十五日，他呈给了西太后一个折子，内书十条：第一条是请太后不要再总揽政权，归政于皇上；第二条是请西太后不要再修颐和园，用以幽禁皇上。其余几条也大都是别人所不敢开口说的。其中最奇特的是最后一条，乃是说皇上现在还没有后代，请西太后效仿尧舜的做法，选择天下间最贤能的人，立为皇太子。这个折子中的有些话虽然不通情理，荒诞不经，但句句都是肺腑之言。折子递上去后，西太后大为震怒，召他来责问道："你上的这个折子是由你自己写的，还是受别人的指使写的？"

寇连材回答说："是奴才我自己写的。"

西太后又命他背诵了一遍，没有丝毫的差错。西太后说道："本朝早有成例：内务府的太监如有敢参与政事的应该立即斩首，难道你不清楚吗？"

寇连材道："知道。我如果怕死，也就不上这个折子了。"

西太后见他如此刚毅，也就不再问下去了，下谕旨将他拘押在内务府慎刑司，十七日移交到刑部斩首了。西太后又借此机会，造谣说寇连材的所作所为是受光绪皇帝的主使，从而逼迫光绪退位，将光绪发配到瀛台去了，光绪的亲信太监也都同时被撵出宫。

# 坦诚直言的吴熊光

清朝嘉庆十年，嘉庆帝来到沈阳，瞻拜祖宗圣迹，九月返回直隶，住在夷齐庙。

当时，吴熊光任直隶总督，与其他官员一起前往接驾。

召见时，嘉庆帝对吴熊光等人说：“此次朕来关东之前，有人说出行的道路崎岖难行，也没有什么可看的风景，可我倒觉得路很平坦，风景也十分优美，你们说，这些人说的话都可信吗？”

吴熊光急忙回答说：“真正读书人是说不出的。您此次出关，主要是想亲眼看一看太祖、太宗曾经生活过的地方，能深切地感受到他们当时艰难的创业之路，为的是能够给今后万世子孙树立榜样，难道应该问及道路、风景的问题吗？”

过一会儿，嘉庆帝又回到巡幸的话题上，他看着吴熊光说：“朕小时候陪同父皇帝南巡过苏州，那风景真美，天下之中难觅第二处了。”

吴熊光说：“您所见的苏州，是人们特地为您准备的，他们用彩绸剪成漂亮的花，就是为了您看过之后心情舒畅，忘记旅途的疲劳。其实，苏州城外只有虎丘这个地方算是名胜，但实际上只不过是个大坟罢了。苏州城里的街道大都临河，河道狭窄，船只很多，连粪船都挤在那里，一到午后更加臭不可闻，有什么风景可言。”

嘉庆帝听了吴熊光的话以后，沉思了片刻对他说：“如果像你这么说，父皇为什么要六次到苏州呢？”

吴熊光听嘉庆帝说到这里，连忙起身叩头说：“我上次随从皇上去谒见太上皇（即乾隆皇帝）时，曾亲耳听到太上皇说：‘我在位六十年，还没有失德之处。只是六次南巡，劳民伤财，这是以无益的事情伤害有益的事。将来皇帝如果南巡，你吴熊光不出来阻止，你作为我亲自选用、辅佐皇帝的大臣，可就对不起我了。’太上皇对南巡后悔的话，现在好像还在我耳边回响，无法散去。皇上您可要谨慎不要忘记啊！”听了这一番话，在座的人都很佩服吴熊光的坦诚直言。

吴熊光字字句句都发自肺腑，他的坦诚来自于对民间疾苦的体察，他为百姓鸣了心中长期以来压抑的不平，像吴熊光如此坦言直谏皇帝为民鸣不平，实属难能可贵。

# 敖陶孙题诗鸣不平

宋宁宗（赵扩）庆元（1195—1200）初年时，韩侂胄排斥赵忠定。这件事引起了太学生敖陶孙的不满，于是敖陶孙在三元楼上喝了点儿酒，作了一首诗，以鸣心中的不平：

左手旋乾右转坤，
如何群小恣流言。
狼胡无地居姬旦，
鱼腹终天吊屈原。
一死固知公所欠，

孤忠幸有史长存。

九原若遇韩忠献，

休说渠家末世孙。

敖陶孙将诗写完，挂到了墙壁上，然后又喝起酒来。等他再抬起头看那首诗时，墙壁上空空如也，那首诗已不翼而飞了。

敖陶孙大吃一惊，心想，这首诗，必定是被韩侂胄的手下人发现而偷走了，那么，来抓自己的人马上就要来了。于是，敖陶孙急忙跟酒店的人换了衣服，端着酒具下楼。

到了楼梯上，来抓他的人蜂拥而上，见到敖陶孙下楼，就问他："敖陶孙在不在?"

敖陶孙回答说："你们是问那个太学秀才吗?那边喝酒正喝得高兴的那个人就是他。"

来人看也没看他，径直朝楼上奔去。

敖陶孙则急忙忙地跑出三元楼，向福建逃去。